AF310673

LA GRAMMAIRE FRANÇAISE
PAR TABLEAUX
ANALYTIQUES ET RAISONNÉS,

SOUMIS A L'EXAMEN DE L'INSTITUT NATIONAL.

Par Félix GALLET, de Châteauneuf-sur-Loire.

PRIX, 3 francs pour Paris, et 3 fr. 50 cent.; franc de port, pour les départemens.

A PARIS,

Chez J. J. FUCHS, Libraire, rue des Mathurins, N°. 334.

A Orléans, chez BERTHEVIN, Libraire, rue Égalité.

A Genève, chez PASCHOUD, Libraire, à la Cité;
Et chez l'Auteur, Bureau des postes.

A Lyon, chez PERRISSE DULUC, Libraire.

AN IX (1801.)

je le recommande aussi à l'indulgence des Maîtres éclairés, j'invite même ceux qui auroient quelques observations critiques à faire sur l'ensemble, ou sur quelques parties de l'ouvrage, à me les adresser, franc de port, je mettrai leurs notes à profit, et leur en vouerai ma reconnoissance.

A V I S.

L'auteur, en conformité du décret de la Convention nationale du 9 juillet 1793 (vieux style),
an 2 de la République française , relatif au droit de propriété des Auteurs d'écrits en tout genre,
vient, pour jouir du droit exclusif de propriété, de déposer deux exemplaires de son Ouvrage à la
Bibliothèque nationale ; il a tiré un reçu , signé par le Bibliothécaire , dont ci-dessous copie.
Il déclare qu'autorisé maintenant par la loi sus-mentionnée, il est dans la ferme intention
de poursuivre rigoureusement tout contrefacteur ou débiteur d'éditions contrefaites. Ceux qui
lui rendront le service de lui donner avis de ces contrefactions , et lui faciliteront les moyens
d'en faire punir les auteurs et complices , recevront au moins la moitié des dommages et in-
térêts qu'il pourra obtenir aux termes de la loi ci-dessus , qui fixent leurs valeurs à une somme
équivalente au prix de trois mille exemplaires de l'édition originale.

PRÉFACE

La Langue Française a paru dans tous les temps, et sur-tout aux Étrangers, très-difficile à apprendre ; il est vrai que la plupart des Grammaires qui ont paru jusqu'ici sont hérissées de mots ampoulés, inintelligibles et n'offrent guère qu'incohérence et confusion dans les règles. La forme analytique m'ayant paru la plus simple, la plus claire et la plus précise, je l'ai adoptée exclusivement dans cet Ouvrage ; par elle nous pourrons débrouiller ce cahos d'idées scientifiques, et fixer enfin les principes de cette Science ; par elle nous obtiendrons des règles sûres, des résultats simples et solides.

Je divise donc cet Ouvrage en treize sections. Chaque section renferme quatre colonnes, titrées divisions, subdivisions, définitions et exemples. Dans chacune d'elles, chaque mot, chaque partie du discours est analysée sous tous les rapports. En consultant la table ordinale des sections, qui se trouve à la fin de l'Ouvrage, on y verra, parmi les matières qui y sont classées, la Méthode analytique d'enseigner, considérée sous cinq rapports, et faisant le sujet de la treizième et derniere section. Je me dispenserai donc d'entrer dans de plus longs détails sur le contenu de l'Ouvrage.

Puisse cette première Méthode, absolument neuve au Public, ne point tromper mon attente et remplir mes vœux, ceux de contribuer aux progrès rapides de nos jeunes étudians dans la carrière tout-à-la-fois douce et pénible des Belles-Lettres !

Je recommande donc cet Ouvrage aux Professeurs et Instituteurs, aux Chefs de famille et à toutes personnes chargées de l'éducation publique ou privée ;

OBSERVATIONS IMPORTANTES.

Je me suis apperçu, en passant les épreuves en revue, que la première Section, titrée des Lettres et des Signes, était susceptible de plus longs développemens, sur-tout pour ce qui concerne les règles de la prosodie et de la ponctuation. J'ai donc cru devoir, sans nuire à la précision que j'ai recherchée dans ce travail, augmenter l'ouvrage d'une table supplémentaire, ou d'un supplément à la première section. Il sera donc nécéssaire, en étudiant l'une, de recourir à l'autre. On y trouvera les matières traitées d'une manière complète, et, j'ose l'espérer, satisfaisante.

Sans une foule de circonstances imprévues, et des obstacles sans cesse renaissans qui ont retardé de près de six mois la mise au jour, et l'exposition en vente de cet Ouvrage, nous aurions encore attendu le jugement de l'Institut national, à l'examen duquel le manuscrit doit être soumis par le citoyen Domergue, l'un de ses Membres.

TABLEAU analytique et raisonné des Principes de la Grammaire française.

PREMIÈRE SECTION. Des lettres et des signes.

ANALYSE		DÉFINITIONS.	EXEMPLES
DIVISIONS.	**SUBDIVISIONS.**		
La Grammaire. Mots.		C'est l'art d'arranger des *mots*, et de peindre ses idées. (Ce mot vient du grec).	
Le mot. Syllabes.		Le mot est composé d'une ou de plusieurs *syllabes*.	
Syllabes.		La syllabe est composée d'une ou de plusieurs *lettres*.	
4 sortes.	1°. Le monosyllabe.	*Mono* signifie *un.* — Mot d'une syllabe	Loi.
	2°. Le dissyllabe.	*Dis.* —— *deux.* — Mot de deux syllabes.	A-mie.
	3°. Le trissyllabe.	*Tris.* —— *trois.* — Mot de trois syllabes	Vé-ri-té.
	4°. Le polyssyllabe.	*Poly.* —— *plusieurs.* — Mot de quatre syllabes et au-delà	In-dé-fi-ni.
Lettres. Nombre. 25		Les lettres sont les élémens des mots.	
3 sortes.	1°. Les voyelles.	*Voyelle* signifie *voix, son.* Elles sont les élémens des sons.	
	2°. Les consonnes.	*Consonne* — *qui sonne avec.* Elles ne sonnent qu'avec les voyelles.	
	3°. Les caractères.	*Caractère* ici *qui indique, qui rappelle.* Ce sont des signes muets.	
Voyelles. Nombre. 5		*a, e, i, o, u.*	
3 sortes.	1°. Simple.	Celles qui sont seules dans chaque syllabe, comme dans le mot.	Lazare.
	2°. Composée.	Deux ou plusieurs voyelles dans une syllabe, qui ne forment qu'un son.	Courroux.
	3°. Nasale.	Signifie prononciation du nez, voyelle qui dans une syllabe est jointé aux lettres *m* ou *n*.	Enfant.
Consonnes. Nombre. 18		*b, c, d, f, g, j, k, l, m, n, p, q, r, s, t, v, x, z.*	
Caractères. Nombre. 2		*h*; elle indique seulement, dans certains mots, *une aspiration.*	La haïne.
		y, —— { 1°. L'emploi de deux *i.*	Moyen.
		{ 2°. Une étymologie grecque	Mystère.
Diphthongues.		*Diphthongue* signifie *deux sons.* Deux ou plusieurs voyelles dans une syllabe qui doivent former deux sons.	Loi.
3 sortes.	Simple.	Deux voyelles simples dans une syllabe formant deux sons.	
	Composée.	Voyelle simple avec voyelle composée dans une syllabe formant deux sons.	Dieu.
	Nasale.	Voyelle simple avec voyelle nasale dans une syllabe formant deux sons.	Bien.
Caractères prosodiques.		Ainsi appelés du grec *pròs ôdé*, chant.	
7 sortes.	L'accent aigu.	Donne à la voyelle un son fermé	Bonté.
	L'accent grave.	—————— } un son ouvert.	Succès.
	L'accent circonflexe.		Mâle.
	La cédile.	Donne au *c* le son de la lettre *s* :	Façon.
	L'apostrophe.	Indique suppression de voyelle, tel qu'à la fin d'un mot qui finit par une voyelle et qui est joint à un autre qui commence aussi par une voyelle.	L'honneur.
	Le tréma.	Indique séparation d'une voyelle d'avec celle qui la suit, et donne une syllabe de plus	Moïse.
	Le tiret.	Sert à lier deux syllabes, ou deux mots pour n'en former qu'un.	Chef-d'œuvre.

A

ANALYSE		DÉFINITIONS.	EXEMPLES.
DIVISIONS.	**SUBDIVISIONS.**		
Son des voyelles.	Long............	Quand elles reçoivent un des trois accens.	Vérité, progrès, jeûne.
	Bref..........	Sans accent, à l'exception de l'*e* moyen	Jeune.
Consonnances du C.	. . . . G.	Il a le son du G, quand il est entre deux voyelles dans quelques mots seulement.	Cicogne.
	. . K. . . . *(Il a le son du K)*	1°. Avant *a*, *o*, *u*;	Cabinet, colère, curé.
		2°. Après une voyelle.	Défectueux.
		3°. Avant une consonne.	Chrétien.
		4°. Avant les voyelles composées	Cœur.
		5°. Dans les mots venus du grec	Écho.
		6°. A la fin d'un mot dont le suivant commence par une voyelle.	Avec ardeur.
	. . . . S. . . . . *(De la lettre S.)*	1°. Avant les voyelles *e*, *i*.	Célibat, Cicéron.
		2°. Quand il reçoit la cédile.	Façade, conçu.
Du D. . . .	. . . T. . . .	D a le son du T quand il est à la fin d'un mot et devant un autre qui commence par une voyelle. . . .	Grand ami.
Son de l'E, 4.	1°. muet.	L'E muet ne se prononce pas, il ne reçoit jamais d'accens.	Homme.
	2°. moyen. . . .	L'E moyen se prononce la bouche entr'ouverte, il ne prend pas d'accens.	Musette.
	3°. ouvert. . . .	L'E ouvert se prononce la bouche ouverte; il reçoit tantôt l'accent grave, tantôt l'accent circonflexe . . .	Succès, extrême.
	4°. fermé. . . .	L'E fermé se prononce la bouche fermée, il reçoit toujours l'accent aigu.	Vérité.
Consonnance du G.	. . J. . . . *(Il a le son du J.)*	1°. Avant *e*, *i*, ...	Génie, gibier.
		2°. Avant *a*, *o*, *u*, précédés de l'*e*. . . .	Geai, geolier, gageure
	. . K. . . .	Il a le son du K quand il est à la fin d'un mot, et devant un autre qui commence par une voyelle. . . .	Sang et eau.
	mouillé.	Il a le son mouillé devant la lettre *n*, suivie d'une voyelle.	Règne.
	naturel. . . . *(Il a le son naturel,)*	1°. avant *a*, *o*, *u*	Galant, gosier, aigu.
		2°. après une voyelle	Flegme.
		3°. avant une voyelle composée.	Guide.
		4°. avant la voyelle composée qui précède la lettre L mouillée.	Anguille.
Caractères de l'H.	1°. muette	L'H muette est annoncée par la suppression de la voyelle qui la précède et l'apostrophe qui la remplace. . .	L'honnête homme.
	2°. aspirée. . . .	L'H aspirée fait prononcer la voyelle avec effort; elle est indiquée par la conservation de la voyelle qui la précède.	Le héros.
Consonnance de l'L.	mouillé *(Il a ce son mouillé)*	1° Quand il est après l'I précédé d'une voyelle. .	Bail.
		2°. Par exception	Péril.
	naturel. . . . *(Il a ce son naturel)*	1°. Toujours au commencement des mots . .	Lumière.
		2°. Dans tous les autres non assujettis aux régles ci-dessus.	Civil.

ANALYSE.		DÉFINITIONS.	EXEMPLES.
DIVISIONS.	SUBDIVISIONS.		
CONSONNANCES. du P.	F	Il se prononce comme F dans les mots venus du grec	Phrase.
	Son naturel	Dans tous les autres mots	Prière.
du Q.	Coua	Dans les mots ci-contre, et leurs dérivés	Equateur, aquatique.
	Cue	Exclusivement pour le mot	Equestre.
	Cuin	Dans le mot ci-contre et ses dérivés	Quinquagénaire.
	K	Il a le son du K. 1°. quand il est à la fin d'un mot	Cinq.
		2°. devant la lettre U.	Quittance.
de l'S.	Z	Il a le son du Z quand il est entre deux voyelles.	Misère.
	Son naturel	Il a le son naturel devant une voyelle.	Salut.
du T.		Il a le son du C devant l'I suivi d'une voyelle	Primatie.
	Son naturel	Il a le son naturel, 1°. dans quelques mots faisant exception à la règle ci-dessus	Partie.
		2°. devant une voyelle suivie d'une consonne	Titillation.
		3°. après l'S ou l'X.	Bastion, mixtion.
		4°. devant les diphthongues nasales dont le son tient un peu de l'E fermé	Entretien.
de l'X.	CS	Il se prononce comme le CS quand il a un son très-rude.	Fixer.
	GZ	—— comme le GZ quand il a un son un peu plus doux.	Examen.
	S	—— comme l'S quand il a un son coulant.	Six.
	Z	—— comme le Z quand il a le son le plus doux. *(sans autres règles.)*	Sixième.
Caractères de l'Y.	1°. Double I.	L'Y entre deux voyelles représente toujours deux I.	Moyen.
	2°. Mot grec.	L'Y indiquant dans les mots une racine grecque, ne présente qu'un I	Synode.
Dénomi-nations ordinales.	*Des syllabes.* Initiales	Signifie commencement. C'est la 1re. syllabe de chaque mot.	Commencement.
	Pénultièmes	— avant dernière. C'est donc l'avant-dernière syllabe de chaque mot.	Commencement.
	Finales.	— dernière. C'est donc la dernière syllabe de chaque mot.	Commencement.
	Des lettres. Initiales	—— la première lettre d'un mot.	Dieu.
	Finales.	—— la dernière.	Dieu.
	Majuscules ou capitales	Signifie grandes, ou tête. Ce sont donc les grandes lettres qui sont à la tête des noms propres, ou des mots qui sont au commencement de la phrase.	Alexandre.
Alinéa.		Signifie à la ligne. C'est quitter la ligne pour en commencer une autre, quand le sens de la phrase est fini.	
Signes de ponctua-tion.	1°. La virgule	Indique une pause légère	,
	2°. Le point et la virgule.	— — un peu plus longue	;
	3°. Les deux points.	— — moins courte	:
	4°. Les points suspensifs.	—— un peu plus longue, avec inflexion de voix.	.....
	5°. Le point absolu.	— un repos définitif.	.
	6° Le point d'exclamation.	Exprime le ton de celui qui s'écrie	!
	7°. Le point d'interroga-tion	— de celui qui interroge	?
	8°. La parenthèse	Elle sert à renfermer des mots formant un sens distinct et séparé de celui de la phrase, lesquels jettent plus de lumière dans le discours	( )
	9°. Les guillemets	Servent dans le discours à citer l'extrait d'une lettre, ou autre sujet.	,,

Liste alphabétique des mots où l'H est aspirée.

Nos. d'ordre.	DÉSIGNATION.	Nos. d'ordre.	DÉSIGNATION.	Nos. d'ordre.	DÉSIGNATION.
1	Ha !	40	Haricot.	79	Hoche, hocher, hochet.
2	Habler.	41	Haridelle.	80	Holà.
3	Hache.	42	Harnacher et ses composés.	81	Hollande.
4	Hacher.	43	Harnois.	82	Homard.
5	Hachis.	44	Haro.	83	Hongre.
6	Hachure.	45	Harpe.	84	Hongrie.
7	Hagard.	46	Harpie.	85	Honnir.
8	Haie.	47	Harpon.	86	Honte et ses composés.
9	Haillon.	48	Hart.	87	Hoquet.
10	Hainaut.	49	Hasard.	88	Hoqueton.
11	Haine.	50	Hase.	89	Horde.
12	Haïr.	51	Hâte.	90	Hormis.
13	Haire.	52	Hausse-col.	91	Hors.
14	Halage.	53	Hausser.	92	Hotte.
15	Halbran.	54	Haut.	93	Houblon.
16	Hâle.	55	Haut-bois.	94	Houe.
17	Halener.	56	Haut-de-chausses.	95	Houlette.
18	Haleter.	57	Haute-contre.	96	Houppe.
19	Haller.	58	Havage.	97	Houppelande.
20	Hallebarde.	59	Hâve.	98	Hourvari.
21	Hallier.	60	Havre-sac.	99	Houspiller.
22	Halte.	61	Hé !	100	Houssard et hussard.
23	Hameau.	62	Hem !	101	Housse.
24	Hampé.	63	Hennir.	102	Housser.
25	Hanche.	64	Héraut.	103	Houssine.
26	Hangard.	65	Hère.	104	Houx.
27	Hanneton.	66	Hergne.	105	Hoyaux.
28	Hanter.	67	Hérisser.	106	Huche.
29	Haper.	68	Hérisson.	107	Huée.
30	Haquenée.	69	Hernie.	108	Huer.
31	Haquet.	70	Héron.	109	Huguenot.
32	Harangue.	71	Héros.	110	Huguenotte.
33	Haras.	72	Herse.	111	Huit.
34	Harasser.	73	Hêtre.	112	Huitaine.
35	Harceler.	74	Heurter.	113	Hune.
36	Hardes.	75	Hibou.	114	Hupe.
37	Hardi et ses composés.	76	Hideux.	115	Hure.
38	Hareng.	77	Hiérarchie.	116	Hurler.
39	Hargneux.	78	Ho !	117	Hutte.

ANALYSE — DIVISIONS.	SUBDIVISIONS.	DÉFINITIONS.	EXEMPLES.
Le Discours		C'est l'analyse de la pensée, par l'assemblage des phrases.	
Les parties du discours sont au nombre de 9, Savoir :	Le nom. L'article. Le pronom. Le verbe. Le participe. La préposition. L'adverbe. La conjonction. L'interjection.	1°. Elles sont les matériaux des phrases. 2°. Il n'est pas un seul mot qui ne soit l'une de ces 9 parties.	
Le nom .	L'objet d'une idée.		
L'objet de l'idée est tantôt	Opération de l'ame.	L'ame a 5 facultés; savoir : { la sensibilité. l'intelligence. la mémoire. la volonté. l'instinct. } Ces facultés ont pour objet, savoir :	La joie, la douleur, etc. Le jugement, la comparaison, etc. Le souvenir, etc. Le choix, la décision, etc. Le sommeil, etc.
	Impression sur les sens.	Les sens sont au nombre de 5, savoir : { la vue . . . l'ouïe . . . l'odorat . . le goût . . le toucher. } Ils ont pour instrument { les yeux. les oreilles. le nez. la bouche. les doigts. } Pour objets :	La lumière, les couleurs, etc, etc. Les sons, etc. Les parfums, etc. Le pain, le vin, etc. Le violon, la guitare, etc
Espèces principales de noms.	Le Substantif. L'adjectif.		
	. . . .	On appelle substantif tout ce qui subsiste soit par { l'opération de l'ame. l'impression sur les sens. }	
Le substantif.	Commun.	Tout nom qui convient soit à { plusieurs personnes. plusieurs choses. }	Le libraire. Le livre.
	Collectif.	Ce mot signifie assemblage ; donc tout ce qui offre à l'idée assemblage { de personnes. de choses. }	La foule. La forêt.
	Propre.	— — propriété ; donc ce qui ne convient { qu'à une personne. qu'à une chose. }	Alexandre. Genêve.
	Abstrait.	signifie enlevé aux sensations ; donc tout ce qui appartient à l'opération de l'ame	La vertu. Le bonheur.
	. . . .	Ce mot peut recevoir la signification de jointure ; il est inséparable du nom.	
L'article	le, la, les, etc., etc., etc.	Ces articles assez souvent donnent respectivement aux noms, auxquels ils sont joints, un sens { défini } quand la chose est déterminée . . .	La maison que vous avez vue.
	un, une, des, etc., etc.	{ indéfini } quand elle n'est pas clairement désignée.	J'ai acheté une maison
	à, de.	{ partitif } quand elle fait partie du tout . . .	Un morceau de pain.
	. . . .	Quand cet article n'est point partitif, il est le caractère distinctif des noms propres . . .	De Paris à Rome.
	. . . .	Ce mot signifie espèce ; il indique l'espèce des noms.	
Le genre.	Masculin.	Signifie { mâle. } Il est indiqué par l'article { le, etc.; un, etc. . . .	Le juge. Un jugement.
	Féminin.	{ femelle. } la, etc.; une, etc. . . .	La table. Une chaise.

ANALYSE.		DÉFINITIONS.	EXEMPLES.
DIVISIONS.	**SUBDIVISIONS.**		
Le nombre.	. . . . Singulier Pluriel	Ce mot, dans son origine, signifie compter. Signifie { un, / deux, ou plusieurs. } Il est indiqué par l'article { le, un, etc. . . . . / les, etc., des, etc. }	le livre, un volume. des livres, des volumes.
Les cas.	. . . .	Ce mot, dans son origine, signifie chûte. Il exprime la variation des articles.	
	Le nominatif Le génitif Le datif L'accusatif Le vocatif	Signifie { nommer. / engendrer. / donner. / accuser. / appeler. } Il est indiqué par { le, la, les, un, une, des, ... / du, de la, des, d'un, d'une, de . . / au, à la, aux, à un, à une, à . . . / le, la, les, un, une, des. . . . . / ô ; c'est toujours { la personne / ou la chose } à laquelle on s'adresse. }	le père, etc. du père, etc. au père, etc. le père, etc. ô, père, etc.
	L'ablatif .	{ ôter, priver } du, de la, des, d'un, d'une, de. . . .	du père, etc.
	Caractère distinctif des 6 cas.	Identité entre { le nominatif / et / l'accusatif. } caractère distinctif. { il préside à la phrase, et en est le chef . / Il est le terme du sujet, et est après { un verbe / ou / une préposition. } }	*le ciel* récompensera *le juste.*
		Identité entre { le génitif / et / l'ablatif, } caractère distinctif. { il est toujours après un substantif . . . . / il n'est jamais après un substantif . . . }	le fils *de mon ami* est mort *de chagrin.*
		Caractère distinctif { du datif . . . il est toujours précédé d'un des articles, à, à la, au, aux, à un, à une, à des, à de . . . . / du vocatif . . . il est précédé souvent de l'article ô, et désigne toujours la personne ou la chose à laquelle on s'adresse. }	il donne son bien *aux pauvres.* *ô fortune*, que tu es bizarre!
L'adjectif.	. . . .	Ce mot signifie ajouté ; il exprime une qualité et l'ajoute au substantif.	
	De qualité.	Tous ceux qui expriment une qualité déterminée par un substantif	beau, grand.
	Verbal.	Tous ceux qui dérivent du verbe ou ont quelque rapport avec lui { adjectif verbal { avec régime. / sans régime. } }	*digne de récompense.* charmant.
	Adverbial.	Tous ceux qui, comme l'adverbe, sont indéclinables, { l'adjectif adverbial n'a jamais de substantif. }	ce musicien chante faux.
Le nom de nombre.	. . . .	Ce mot, dans son origine, signifie compter.	
	Adjectif. Substantif.	Comparé { à l'adjectif. / au substantif. } parce que, comme lui { il a toujours deux genres. / il n'a jamais qu'un genre. }	
Les adjectifs de nombre,	Cardinaux,	Ce mot signifie base. Ces nombres sont la racine, ou la source des autres , ...	un, deux, trois.
	Ordinaux.	——— ordre. Ces nombres indiquent l'ordre et le rang. Ils dérivent des cardinaux	premier, second, troisième
Substantifs de nombre.	Collectif Partitif. Augmentatif	Signifie { collection, assemblage . . . . / qui fait partie d'un tout . . . . / qui augmente le nombre. . . . . }	une dixaine, la dixme. le décuple.

ANALYSE.		DÉFINITIONS.	EXEMPLES.
DIVISIONS.	SUBDIVISIONS.		

Trois degrés de comparaison.

		DÉFINITIONS	EXEMPLES
Degrés de comparaison.		Par eux on établit graduellement les comparaisons pour les adjectifs seulement.	
Le positif . . .		Premier degré. L'adjectif est simplement exprimé. .	beau, bon, sage.
Le comparatif . . .	d'égalité. } d'excès. } 2ᵐᵉ. degré. } de défaut. }	{ aussi, autant . . } { plus . . . } { moins . . . }	aussi sage que vous. plus sage que vous. moins sage que vous.
Le superlatif . . .	absolu. } 3ᵐᵉ. et der- relatif. } nier degré.	{ fort, etc. } il se rapporte { à un seul . { le plus, la plus. } { à plusieurs.	votre ami est fort honnête. il est le plus courageux de la troupe.

Exceptions.

Bon fait
- au positif . . . . bon.
- au comparatif d'excès . . . : meilleur.
- au superlatif relatif . . . . . le meilleur.

mauvais fait
- au positif . . . : mauvais.
- au comparatif d'excès . . . { plus mauvais. { pire.
- au superlatif relatif . . . { le plus mauvais. { le pire.

petit fait
- au positif . . . petit.
- au comparatif d'excès . . { plus petit. { moindre.
- au superlatif relatif . . . { le plus petit. { le moindre.

Déclinaison des noms

substantifs, commune aux adjectifs.

1°. Sous l'article *le, la, les.*

Devant une consonne.

	Singulier masculin.	Féminin.		Pluriel.		RÈGLES GÉNÉRALES
Nominatif	le père,	la mère.	N.	les {	pères. mères.	L'article conserve sa voyelle. Masculin et féminin.
Génitif	du père ;	de la mère.	G.	des {	pères. mères.	
Datif	au père,	à la mère.	D.	aux {	pères. mères.	
Accusatif	le père,	la mère.	Ac.	les {	pères. mères.	
Vocatif	ô père,	ô mère.	V.	ô {	pères. mères.	
Ablatif	du père,	de la mère.	Ab.	des {	pères. mères.	

Devant une voyelle.

	Sing. Masc.	Fém.		Pluriel.		RÈGLES GÉNÉRALES
Nom.	l'ami,	l'amitié.	N.	les {	amis. amitiés.	L'article perd sa voyelle, qu'on remplace par une apostrophe. Masculin et féminin.
Gén.	de l'ami,	de l'amitié.	G.	des {	amis. amitiés.	
Dat.	à l'amitié,	à l'amitié.	D.	aux {	amis. amitiés.	
Ac.	l'ami,	l'amitié.	Ac.	les {	amis. amitiés.	
V.	ô ami,	ô amitié	V.	ô {	amis. amitiés.	
Ab.	de l'ami,	de l'amitié.	Ab.	des {	amis. amitiés.	

		Masc.	Fem.			
L'*h* muette	comme avant {	la consonne { l'honneur,	l'humeur. etc. }	les { hommes. humeurs. }		M. et F.
L'*h* aspirée		la voyelle { le héros,	la haine. etc. }	les { héros. haines. }		M. et F.

Déclinaison des noms substantifs commune aux noms adjectifs.

1°. Sous l'article un, une, des, devant

une consonne.

	Singulier Masculin.	Féminin.	Pluriel.	
Nominatif	un livre.	une livre. *(Poids).*	N. des	{livres, livres. (Poids).
Génitif.	d'un livre.	d'une livre.	G. de	{livres, livres.
Datif.	à un livre.	à une livre.	D. à des	{livres, livres.
Accusatif.	un livre.	une livre.	Ac. des	{livres, livres.
Vocatif.	....	....	V.	
Ablatif.	d'un livre.	une livre.	Ab. de	{livres, livres.

masculin et féminin.

une voyelle.

	Singulier Masculin.	Féminin.	Pluriel.	
Nom.	un ami.	une ame.	N. des	{amis, ames.
Gén.	d'un ami.	d'une ame.	G. d'	{amis, ames.
Dat.	à un ami.	à une ame.	D.	{amis, ames.
Ac.	un ami.	une ame.	Ac. des	{amis, ames.
V.	....	....	V.	
Ab.	d'un ami.	d'une ame.	Ab. d'	{amis, ames.

masculin et féminin

l'h muette. / l'h aspirée.   même règle que ci-dessus. . . . .

Masc. Sing.	Fém. Sing.
un honneur.	une humeur.
etc.	etc.
un héros,	une haine.
etc. etc.	

m. et f.

2°. Sous l'article partitif à, de, du, etc. devant

une consonne.

	Singulier Masculin.	Féminin.	Pluriel.	
Nom.	du pain.	de la viande.	N. des pains.	des viandes.
Gén.	de pain.	de viande.	G. de pains.	de viandes.
Datif.	à du pain.	à de la viande.	D. à des pains.	à des viandes.
Ac.	du pain.	de la viande.	Ac. des pains.	des viandes.
V.	....	....	V.	
Ab.	de pain.	de la viande.	Ab. de pains.	de viandes.

masculin et féminin.

l'article conserve sa voyelle.

une voyelle.

	Sing. Masc.	Fém.	Pluriel.	
N.	de l'esprit.	de l'eau.	N. des esprits.	des eaux.
G.	d'esprit.	d'eau.	G. d'esprits.	d'eaux.
D.	à de l'esprit.	à de l'eau.	D. à des esprits.	à des eaux.
Ac.	de l'esprit.	de l'eau.	D. à des esprits.	à des eaux.
V.	....		V.	
Ab.	d'esprit.	d'eaux.	Ab. d'esprits.	d'eaux.

masculin et féminin.

l'article perd sa voyelle.

l'h muette. / aspirée.   même règle que ci-dessus. . . . .

de l'honneur.	de l'humeur.
etc.	etc.
du héros.	de la haine.
etc.	etc.

m. et f.

3°. Sous l'article à, de, joint aux noms propres. devant

une consonne.

	Masc.	Fém.		Masc.	Fém.
N.	Paul.	Pauline.	N.	Adrien.	Adrienne.
G.	de Paul.	de Pauline.	G.	à Adrien,	d'Adrienne.
D.	à Paul.	à Pauline.	D.	d'Adrien.	à Adrienne.
Ac.	Paul.	Pauline.	Ac.	Adrien,	Adrienne.
V.	ô Paul.	ô Pauline.	V.	ô Adrien,	ô Adrienne.
Ab.	de Paul.	de Pauline.	Ab.	d'Adrien.	d'Adrienne.

ayant une voyelle.

masculin et féminin.   *les noms propres sont sans pluriel.*

l'h muette. / aspirée.   même règle que ci-dessus. . . . .

d'Hercule,	d'Hélène.	
de Henri,	de Henriette.	

Quand l'article *un* prend une voyelle, il la conserve.

de, dérivé de *des,* conserve sa voyelle.

de, dérivé de *des,* perd sa voyelle.

l'article conserve sa voyelle.

l'article perd sa voyelle.

Des conserve sa voyelle devant une consonne, et la perd devant une voyelle.

Terminaison des noms substantifs.

	TERMINAISON		EXEMPLES	
	Du singulier.	*Du pluriel.*	*Du singulier.*	*Du pluriel.*
Ire. règle. — Les noms qui se terminent par	eu ou	prennent x.	le lieu un caillou	les lieux. des cailloux.
Excepté, 9.	adject. 1°. bleu 2°. cou 3°. clou 4°. écrou adject. 5°. fou 6°. matou adject. 7°. mou 8°. sou 9°. trou	qui prennent s.	un clou un habit bleu	des clous. des habits bleus.
IIe. règle. — Ceux terminés par	al	prennent aux	le mal	les maux.
Excepté 5.	bal carnaval cal pal régal	qui prennent s.	le bal	les bals.
IIIe. règle. — Ceux terminés par	ail	prennent aux	le bail	les baux.
Excepté 6.	attirail camail détail épouventail éventail gouvernail mail poitrail sérail	qui prennent s.	un éventail	des éventails.
IVe. règle. — Ceux terminés par	ant ou ent	prennent S. avec suppression du T. quand ils sont de deux ou plusieurs syllabes	un enfant le tourment	des enfans. les tourmens.
		prennent S. avec conservation du T. quand ils sont monosyllabes.	un gant la dent	des gants. les dents.

bercail n'est point compris parce qu'il est sans pluriel.

Terminaison des substantifs.

TERMINAISON		EXEMPLES	
Du singulier.	**Du plur.**	**DU SINGULIER.**	**DU PLURIEL.**
5e. règle. Les noms terminés par { s. z. x.	conservent { x. z. x. s.	le fils, / le nez, / la voix,	les fils. / les nez. / les voix.
6e. et dernière règle. En tous ceux terminés soit { par une consonne / par une voyelle	prennent s.	le pied, / la jambe,	les pieds. / les jambes.

Terminaison des adjectifs.

TERMINAISON			EXEMPLES		
du sing. m.	du sing. f.	du plur. m. f.	du sing. masc.	du sing. f.	du plur. masc. et fem.
e muet.	e muet	s.	un *homme* aimable.	une *femme* aimable.	des hommes / des femmes } aimables.
1°. é fermé.	ée.	s.	un *homme* sensé.	une *femme* sensée.	des hommes sensés. / des femmes sensées.
2°. u.	ue.	s.	un *homme* ingénu.	eun *femme* ingénue.	des hommes ingénus. / des femmes ingénues.
3°. i.	ie.	s.	un *homme* joli.	une *femme* jolie.	des hommes jolis. / des femmes jolies.
4°. ai.	aie.	s.	un *homme* vrai.	une *femme* vraie.	des hommes vrais. / des femmes vraies.
5°. consonne.	e.	s.	un grand *homme*.	une grande *femme*.	de grands hommes. / de grandes femmes.
i.	ite.	s.	un goût favori.	une passion favorite.	des goûts favoris. / des passions favorites.
il.	ille.	s.	un enfant gentil.	une fille gentille.	des enfans gentils. / des filles gentilles.
ong.	ongue.	s.	un habit long.	une veste longue.	des habits longs. / des vestes longues.
	che.	s.	blanc. / franc. / sec.	blanche. / franche. / sèche.	blancs. blanches. / francs. franches. / secs. sèches.
c.	cque.	s.	grec.	grecque.	grecs. grecques.
	que.	s.	turc. / public. / caduc.	turque. / publique. / caduque.	turcs. turques. / publics. publiques. / caducs. caduques.
in.	igne.	s.	bénin. / malin.	bénigne. / maligne.	bénins. bénignes. / malins. malignes.
f.	ve.	s.	un *homme* actif.	une *femme* active.	des hommes actifs. / des femmes actives.

Left-margin labels: Terminaison des substantifs. — Terminaison des adjectifs. — 1re. règle. — 2e. règle renfermant 5 Subdivisions (*). — 3e. i, un seul. — exceptions nominales et exclusives, 12. — 5°. consonne, 11 exceptions. — 3e. règle.

(*) Il y a exception pour les consonnes qui se doublent, voyez la 5e. règle ci-après.

Terminaison des adjectifs.

		TERMINAISON			EXEMPLES.			
Règle	Subdiv.	du singulier ma.	du singulier fém.	du pluriel ma. et fé.	du singulier masculin.	du singulier féminin.	du pluriel masculin.	du pluriel féminin.
4e. règle. Exceptions nominales et exclusives 3.		x.	se.	x, s.	jaloux.	jalouse.	jaloux.	jalouses.
			ce.	x. s.	doux.	douce.	doux.	douces.
			sse.	x. s.	roux.	rousse.	roux.	rousses.
					faux.	fausse.	faux.	fausses.
5e. et dernière règle renfermant 7 subdivisions.	1°. s.		sse.	s.	las.	lasse.	las.	lasses.
	2°. ot.		otte.	s.	sot.	sotte.	sots.	sottes.
	3°. et.		ette.	s.	net.	nette.	nets.	nettes.
	4°. el.		elle.	s.	éternel.	éternelle.	éternels.	éternelles.
	5°. eil.		eille.	s.	pareil.	pareille.	pareils.	pareilles.
	6°. ul.		ulle.	s.	nul.	nulle.	nuls.	nulles.
	7°. voyelle nasale.		ne.	s.	bon.	bonne.	bons.	bonnes.
Exceptions nominales et exclusives 17.	1°, s.		che.	s.	frais.	fraîche.	frais.	fraîches.
			ce.		tiers.	tierce.	tiers.	tierces.
			e.		ras.	rase.	ras.	rases.
	2°. et.		e.	s.	discret.	discrète.	discrets.	discrètes.
					complet.	complète.	complets.	complètes.
			e.		inquiet.	inquiète.	inquiets.	inquiètes.
					secret.	secrète.	secrets.	secrètes.

Irrégularité des noms

EXEMPLES.

Noms sans pluriel	1°. La plupart des noms abstraits.	. . . .	la faim, la soif.
	2°. Les noms propres	. . . .	Genêve, Paris, Bonaparte.
	3°. Les noms génériques des métaux.	. . .	l'or, l'argent.
sans singulier.	Point d'autre règle que l'usage.	. . . .	ancêtres, gens, pleurs, délices.
Noms dont la terminaison du pluriel est entièrement opposée à celle du singulier. On ne compte guère que les trois noms suivans. Exceptions :	. . . .		mon aïeul, mes aïeux.
	Un œil de bœuf, des œils de bœuf.		l'œil, les yeux.
	Un ciel de lit, des ciels de lit.		le ciel, les cieux.
Substantifs dont les adjectifs changent de genre. On ne compte guère que les deux noms (Amours. Gens.) quand ils sont au pluriel.	quand l'adjectif pluriel est après; il est masculin.	. . .	des amours délicats, des gens bons.
	quand il est avant, il devient féminin.	. . . . . .	de folles amours; de bonnes gens.

EXEMPLES.

Règles sur les noms composés

		Exemples
1re. {d'un substantif / d'un adjectif}	tous les deux se mettent au pluriel. . . .	Une belle-mère, des belles-mères.
2e. {de 2 substantifs joints par une préposition ou une particule}	le premier est déclinable, c'est-à-dire, prend un pluriel.	L'arc-en-ciel, les arcs-en-ciel.
	le second est indéclinable.	Un chef-d'œuvre, des chefs-d'œuvre.
3e. {d'un verbe. / d'un substantif.}	le premier est indéclinable	Un coupe-gorge, des coupe-gorges.
	le second est déclinable.	
4e. {d'un adverbe, ou d'une préposition. d'un substantif.}	le premier est indéclinable.	L'avant-garde, les avant-gardes.
	le second est déclinable.	
5e. {de verbes ou d'adverbes.}	le nom est entièrement indéclinable. . . .	Un passe-partout, des passe-partout.

Règles sur les noms adjectifs

		Exemples
1re. {accord de l'adjectif avec son substantif.}	l'adjectif se rapporte toujours à un substantif; il doit conséquemment toujours se mettre au même genre, au même nombre, au même cas.	Un homme, une femme. Prudent, prudente.
2e. {au pluriel.}	1°. quand il est après un nom collectif. . . .	Une troupe de forcenés.
	2°. quand il se rapporte à deux substantifs.	La vertu et le vice sont contraires.
3e. {au masculin pluriel.}	après deux substantifs de divers genres. . .	Mon frère et ma sœur sont contens.
4e. {au féminin singulier.}	quand il est immédiatement joint à un substantif féminin singulier, quoique précédé d'un masculin. . . .	Il a un cœur et une âme excellente.
5e. {joint au mot chose.}	quand l'adjectif est avant chose, il se met au féminin. . . .	Une bonne chose.
	quand il est après, et précédé de la particule de, il se met au masculin.	Quelque chose de bon.

Règles générales et exclusives sur les noms de nombre

		Exemples
1re. cent.	il est déclinable devant un nom.	Deux cents chevaux.
	il est indéclinable devant un nombre . . .	Deux cent trente chevaux.
2e. vingt.	il est déclinable devant un nom. . . .	Quatre-vingts hommes.
	il est indéclinable devant un nombre. . . .	Quatre-vingt-deux hommes.
3e. mille.	il est indéclinable dans le sens numérique ou de nombre.	Dix mille hommes.
	il est déclinable quand il signifie *lieues, distances*	Vingt milles d'Italie.
	on supprime *le*, quand il est employé dans les dates.	L'an mil huit cent.

ANALYSE		DÉFINITION	EXEMPLES
DIVISION.	**SUBDIVISION.**		
Le pronom — Espèces principales. Étymologie.	Étymologie. ……	*nom au lieu* d'un autre. Il tient toujours place d'un nom.	
	1°. les personnels.		
	2°. les conjonctifs.		
	3°. les possessifs.		
	4°. les démonstratifs.		
	5°. les relatifs.		
	6°. les absolus.		
	7°. les indéfinis.		
1°. Les pronoms personnels. — Étym. ……		*personne;* il marque directement les personnes.	
1°. 1re. pers.	1re. personne. — celle qui parle. { sing. *moi*, *je*… / plur. *nous*……		C'est à *moi* de commencer, *je* chante. / C'est à *nous* de commencer, *nous* chantons.
2°. 2e. pers.	2e. personne. — celle à qui on parle. { sing. *tu*, *toi*… / plur. *vous*……		*Tu* écris. J'ai parlé de *toi*. / *Vous* écrivez. J'ai parlé de *vous*.
3°. 3e. pers.	3e. personne. — celle dont on parle. { sing. { mas. *lui*, *il*. / fém. *elle*. } / plur. { mas. *ils*, *eux*. / fém. *elles*. }		*Il* se promène. Que pensez-vous de *lui*? / *Elle* se promène. Que pensez-vous d'*elle*? / *Ils* se promènent. Que pensez-vous d'*eux*? / *Elles* se promènent. Que pensez-vous d'*elles*?
4°. Les pronoms réfléchis. — Étymologie. ……		ainsi appelés, parce qu'ils marquent toujours le rapport d'une personne à elle-même.	
	de la 1re. personne. { sing. *je me*; *moi-même*. / plur. *nous nous*, *nous-mêmes*.		*Je me* repens. Je me justifierai *moi-même*. / *Nous nous* repentons. Nous nous justifierons *nous-mêmes*.
	de la 2e. personne. { sing. *tu*, *te*, *toi-même*… / plur. *vous vous*, *vous-mêmes*.		*Tu* t'accuses *toi-même*. / *Vous vous* accusez *vous-mêmes*.
	de la 3e. personne. { singulier { masc. { *il se*, { *soi-même*. / *lui-même*. } / fém. { *elle se*, *elle-même*. } / pluriel { m. *ils se*, *eux-mêmes*. / f. *elles se*, *elles-mêmes*. }		*Il* s'accuse *lui-même*. On se rend heureux *soi-même*. / *Elle se* condamne *elle-même*. / *Ils* s'avouent coupables *eux-mêmes*. / *Elles* s'avouent coupables *elles-mêmes*.
5°. Le pronom général. — Étymologie. ……		ainsi appelé, parce qu'il ne désigne personne et ne détermine aucun nombre.	
	on { de tous les genres, / de tous les nombres.		En étudiant *on* devient savant.

ANALYSE.		DÉFINITION.	EXEMPLES.
DIVISION.	SUBDIVISION.		
2°. Les pronoms conjonctifs. — Espèces principales 2°. — Étymologie. — L'une qui convient	. . . .	Ainsi appelés, parce que ces pronoms sont toujours joints à quelques verbes.	
L'autre qui convient	aux personnes..		
	aux choses. . .		
Pour les personnes.	la première . . {Sing. *me*. {Plur. *nous*		Vous *me* conserverez votre estime. Le ciel *nous* favorise.
	la deuxième . . {Sing. *te* {Plur. *vous*		*Ta* franchise *te* perdra. Je *vous* dois beaucoup de reconnoissance.
	la troisième . . 1°. {Sing.}{des 2 genres et des 2 nombres} *se*.		Votre ami *se* donne des louanges. Vos amis *se* donnent des louanges.
	2°. {Sing. *lui*.} des deux {Plur. *leur*.} genres.		J'ai vu votre sœur, je *lui* ai parlé. J'ai vu vos sœurs, je *leur* ai parlé.
	3°. {Sing.{masc. *le*. . . {fém. *la*. . . {Plur. des 2 genres. *les*.		J'ai vu votre père, je *le* verrai encore. J'ai vu votre mère, je *la* verrai encore. Je connois vos amis, je *les* estime.
	4°. {Sing.}{des 2 genres et des 2 nombres} *en*		J'aime { mon frère, / mes sœurs, } j'*en* suis aimé.
Pour les choses.	. . . . 1°. {Sing.{masc. *le*. . . . {fém. *la* . . . . {Plur. des 2 genres. *les*.		Je *le* sais. J'ai lu cette histoire, je vous *la* raconterai. J'ai lu {vos livres, / vos lettres,} je vous *les* rendrai.
	2°. {Des 2 genres. {Des 2 nombres.} *en*.		Je connois { votre affaire, / votre ouvrage, / vos affaires, / vos ouvrages, } j'*en* parlerai.
	3°. {Des 2 genres. {Des 2 nombres.} *y*.		Vous m'avez donné { un conseil, / une instruction, / des conseils, / des intructions, } j'*y* ferai attention.
Observations importantes	sur *le* après un nom féminin . .	1°. Après un substantif, ou un adjectif employé substantivement, *le* se met au fém. 2°. Après un adjectif, *le* est indéclinable.	Êtes-vous la malade ? Je *la* suis. Êtes-vous malade, Mme.? Je *le* suis.

ANALYSE		DÉFINITIONS.	EXEMPLES.
DIVISION.	SUBDIVISION.		
3°. Le Pronom possessif. — Étymologie.	. . . .	ainsi appelés, parce que ces pronoms désignent la propriété, la possession.	
Espèces principales.	1°. Les absolus.	sont toujours joints aux noms auxquels ils se rapportent.	
	2°. Les relatifs.	sont toujours après les noms auxquels ils se rapportent.	
1°. Les pronoms possessifs absolus.	De la première personne — sing. masc.	mon.	*mon* habit.
	sing. fém.	ma.	*ma* chambre.
	plur. des 2 genres.	mes.	*mes* habits. *mes* chambres.
	Collectif. sing. m. f.	notre	*notre* maison. *notre* jardin.
	Collectif. plur. m. f.	nos	*nos* maisons. *nos* jardins.
	De la 2e. personne. — sing. masc.	ton.	*ton* champ.
	sing. fém.	ta.	*ta* vigne.
	plur. des 2 genres.	tes.	*tes* champs. *tes* vignes.
	Collectif. sing. m. f.	votre.	*votre* appartement. *votre* table.
	Collectif. plur. m. f.	vos.	*vos* appartemens. *vos* tables.
	De la 3. personne. — Pour les Personnes. sing. m.	son.	*son* cheval.
	sing. f.	sa.	*sa* jument.
	plur. des 2 genres.	ses.	*ses* chevaux. *ses* jumens.
	Collectif. sing. m. f.	leur.	devant un substantif sing. — Les François ont prouvé *leur* bravoure et *leur* courage.
	Collectif. plur. m. f.	leurs.	devant un subst. plur. — Les ennemis ont été battus dans *leurs Camps*, et dans *leurs Villes*.
	Pour les choses. sing. m.	son.	la beauté a *son* prix.
	sing. f.	sa.	chaque chose a *sa* valeur.
	plur. des 2 genres.	ses.	fuyez le vice, et *ses* attraits.
	Collectif. sing. m. f.	leur.	devant un subst. sing. — Les moindres bienfaits ont *leur* mérite et *leur* récompense.
	Collectif. plur. m. f.	leurs.	devant un subst. plur. — Tous les corps ont *leurs poids* et *leurs dimensions*.
Remarques sur les pronoms.	mon. ton. son.	quoique masculins, ils s'écrivent de même devant les noms féminins, dont la lettre initiale est une voyelle. ou une h. muette.	mon ardeur. ton âme. son alliance. mon humeur. ton habileté. son habitation.

Pierre a vendu *son* cheval. *sa* jument. *ses* chevaux. *ses* jumens.

ANALYSE		DÉFINITION.	EXEMPLES.
DIVISION.	SUBDIVISION.		
2°. Les pronoms possessifs relatifs.	De la première personne.	sing. { masc. le mien.	avez-vous encore votre cheval ? j'ai vendu le *mien*.
		fém. la mienne.	avez-vous besoin d'une montre ? je vous vendrai la *mienne*.
		plur. { m. les miens.	avez-vous encore vos chevaux ? j'ai vendu les *miens*.
		f. les miennes.	avez-vous besoin de quelques montres ? Je vous vendrai les *miennes*.
		Collectif { sing. { m. le nôtre.	votre jardin est plus grand que le *nôtre*.
		f. la nôtre.	votre maison est plus belle que la *nôtre*.
		plur. des 2 genres. les nôtres.	vos champs, *vos* terres, sont plus arides que les *nôtres*.
	De la 2e. personne.	sing. { masc. le tien.	mon billet est plus valable que le *tien*.
		fém. la tienne.	sa table est de même bois que la *tienne*.
		plur. { m. les tiens.	mes billets sont plus valables que les *tiens*.
		f. les tiennes.	leurs tables sont de même bois que les *tiennes*.
		Collectif { sing. { m. le vôtre.	mon ami est le *vôtre*.
		f. la vôtre.	ma maison est la *vôtre*.
		plur. des 2 genres. les vôtres.	mes amis / mes maisons } sont les *vôtres*.
	De la 3e. personne.	sing. { masc. le sien.	votre cheval est meilleur que le *sien*.
		fém. la sienne.	votre écurie est plus grande que la *sienne*.
		plur. { m. les siens.	vos chevaux sont meilleurs que les *siens*.
		f. les siennes.	vos écuries sont plus grandes que les *siennes*.
		Collectif { m. le leur.	votre appartement est plus joli que le *leur*.
		f. la leur.	votre chambre est plus petite que la *leur*.
		plur. des 2 genres. les leurs.	vos appartemens / vos chambres } sont plus vastes que les *leurs*.
Remarques sur les pronoms.	notre.	avec ô circonflexe. { quand ils sont relatifs ; c'est-à-dire après leurs noms.	son vin est meilleur que le *nôtre*. / sa cave est mieux fournie que la *vôtre*.
	votre.	sans ô circonflexe. { quand ils sont absolus, c'est-à-dire avant leurs noms.	*notre* affaire sera plutôt terminée que vous ne pensez. / *votre* procès est gagné.

ANALYSE		DÉFINITION	EXEMPLES
DIVISION.	**SUBDIVISION**		
	Étymologie	ainsi appelés, parce que ces pronoms servent à désigner, à démontrer.	
	1°. ce ou cet — *Emploi. Il sert à désigner.* — sing. m. *ce.* devant une consonne. ou *cet.* devant une voyelle. f. *celle.* pluriel des 2 genres. *ces.*		ce livre est à moi. / cet ami est très-sincère. / cette chambre est très-belle. / ces plaines sont immenses.
		1°. la proximité. / 2°. l'éloignement. / 3°. l'objet précédent. / 4°. l'objet suivant. / 5°. le mot chose.	ce pays-*ci.* cet oiseau-*ci.* ces hommes-*ci.* / ce pays-*là.* cet oiseau-*là.* ces hommes-*là.* / on dit de Bonaparte que *c'*est le héros du siècle. / *c'*est un génie bien sublime que Bonaparte. / faites attention à *ce* que vous m'avez promis.
	2°. celui. — sing. m. celui. f. celle. plur. m. ceux. f. celles.	il s'emploie sans substantif, et n'a jamais qu'une signification vague.	*celui* qui fait le bien, sera récompensé.
	3°. celui-ci — sing. m. celui-ci. f. celle-ci. plur. m. ceux-ci. f. celles-ci.	il désigne proximité.	*celui-ci* est le plus habile.
	4°. celui-là — sing. m. celui-la. f. celle-là. plur. m. ceux-là. f. celles-là.	il désigne l'éloignement.	*celui-là* est le plus ignorant.
	5°. ce-ci — pour les choses seulement. des 2 genres. ceci.	il désigne l'objet dont on parle.	que pensez-vous de *ceci*?
	6°. cela — pour les choses seulement. des 2 genres. cela.	il désigne l'objet dont on a parlé.	avez-vous parlé de *cela*?

Les pronoms démonstratifs, 4°.

ANALYSE		DÉFINITION.	EXEMPLES.
DIVISION.	SUBDIVISION.		
5°. Les pronoms relatifs. / Division d'espèces. 8. — emploi dans Etymologie. le sens	. . . .	ainsi appelés, parce que ces pronoms ont rapport à des noms ou pronoms qui les précédent.	
	explicatif.	ils expriment les idées renfermées dans un sujet, d'une manière indéterminée et générale.	aimons Dieu *qui* aime les hommes. / l'argent est un vil métal *que* le philosophe méprise.
	déterminatif.	ils expriment ces mêmes idées d'une manière restreinte et déterminée.	les hommes *qui* craignent Dieu. / l'argent *que* j'ai dépensé.
	1°. qui / 2°. que / 3°. quoi / 4°. dont.	ces pronoms sont des 2 genres et des 2 nombres:	
	5°. lequel.	sing. { m. lequel. / f. laquelle. } plur. { m. lesquels. / f. lesquelles. }	
	6°. où. / 7°. d'où. / 8°. par où.	ces pronoms sont des deux genres et des deux nombres.	
8. remarques sur qui		1°. précédé d'un nom.	le vainqueur *qui* respecte le vaincu, est un héros.
		2°. d'un pronom { démonstratif, / personnel.	celui *qui* compte sur la fortune est un fou. / il est étonnant *que* Henri IV ait été la victime d'un scélérat, *lui qui* n'étoit occupé que du bonheur de ses peuples.
		3°. antécédent sous-entendu; (c'est-à-dire, que le substantif qui doit précéder n'est pas exprimé.)	*qui* ne sait pas garder un secret, est incapable de gouverner.
		4°. au nominatif, pour les pers. / avec antécédent } pour les choses	un roi *qui* aime son peuple, est toujours heureux. / les fables *qui* font parler les animaux, nous instruisent beaucoup.
		5°. aux autres cas où il ne veut pour antécédens, que le nom des personnes.	il y a un roi dans les cieux de *qui* dépendent les rois de la terre.
		6°. { après UN distinctif. au sing. / après UN énumératif. au plur.	c'est un des hommes sur qui je compterois le moins. / Cicéron fut un de ceux qui furent sacrifiés à la vengeance des triumvirs.
		7°. après un collectif singulier suivi d'un génitif plur. au plur.	j'ai réfuté la plupart des objections *qui* m'ont été faites.
		8°. précédé de noms de divers genres. { au masc. pluriel. { pour les pers. / au genre du dernier nom. { pour les choses.	j'ai vu de vos sœurs et de vos amis, *qui* sont très-estimables. / j'ai lu les contes de Marmontel, et les fables de la Fontaine *qui* sont amusantes.

ANALYSE.		DÉFINITION.	EXEMPLES.
DIVISION.	**SUBDIVISION.**		
5°. Les pronoms relatifs.	2 Remarques sur *que* relatif. accusatif de *qui*	précédé { 1°.... d'un nom. / d'un pronom { 2°. démonstratif. / personnel. }	Le maître *que* je sers. / L'homme *dont* vous me parlez, est celui de vos amis *que* j'estime le plus. / Votre frère m'a trompé, lui *que* je croyois rempli de probité.
	3 Remarques sur *quoi* relatif. (il ne s'emploie que pour les choses.)	1°. au génitif, et à l'ablatif. Qu'après l'antécédent *ce*. / 2°. au datif. / 3°. à l'accusatif, régime d'une préposition.	– génitif. C'est de *quoi* je vous rendrai compte. / – ablatif. C'est de *quoi* il faudra s'occuper. / Le bonheur éternel est l'unique objet à *quoi* nous devons aspirer. / La chose en *quoi* il a manqué.
	3 Remarques sur *dont*. gen. abl. } de qui (toujours avant le nom dont il dépend.)	d'un usage 1°. indispensable. Il remplace { de qui / duquel } inusités en ce sens. / 2°. préférable à *quoi*... / 3°. *ad libitum*. à volonté. { dont / de qui }	La maison *dont* j'ai fait acquisition. abl. / Le livre *dont* vous m'avez fait présent. abl. / Il n'y a rien dans le monde *dont* Dieu ne soit auteur. gén. / Combien de grands hommes { *dont* / *de qui* } les belles actions sont restées dans l'oubli, gén.
	6 Remarques sur *lequel* sans abl.	1°. au nominatif. { inusité. / cas d'équivoque. } / 2°. au génitif, { régime d'un nom précédent. / Après un nom régime d'une préposition. } / 3°. au datif. Pour les choses seulement. / 4°. à l'acc. { 1°. quand il est le régime d'une préposition, (Pour les choses seulement) / 2°. après un, distinctif, (Pour les personnes, Pour les choses) } / 5°. au plur. Après un collectif singulier, suivi d'un génitif pluriel. / 6°. Précédé de 2 noms de divers genres. { au masc. plur. Pour les personnes / au genre et au nombre du dernier nom. Pour les choses. }	Dieu *lequel* a créé le ciel et la terre... Mais qui a créé. / Lequel héritier jouira pendant sa vie dudit héritage. / Le vainqueur à la protection *duquel* il doit la vie. / C'est une femme sur le compte de *laquelle* il n'y a rien à dire. / Cet arbre est celui *auquel* je donne le plus de soins. / Le bois dans *lequel* nous nous sommes promenés. / C'est *un* des hommes sur *lequel* je compterois le moins. / C'est *un* de ces traits qu'on ne sauroit trop citer, / Il a oublié la plus grande partie des sciences *auxquelles* il s'est appliqué. / Mon frère et ma sœur *auxquels* vous avez parlé. / Le goût et la noblesse avec *laquelle* cet acteur joue.

ANALYSE.		DÉFINITION,	EXEMPLES.
DIVISION.	SUBDIVISION.		
5°. Les pronoms relatifs.	3 Remarques sur — où.	1°. au datif. — auquel. (Du pronom *lequel* et signifie ici.)	Voyez le danger *où* vous a conduit votre imprudence
		2°. à l'acc. — lesquels.	La haîne et la flatterie sont les écueils *où* la vérité fait naufrage.
		Comme régime d'une préposition.	
	Remarques sur d'*où*.	... à l'ablatif. (Du pronom *lequel*, et signifie ici.) — duquel	Théodore osa rentrer dans le temple d'*où* il avoit été chassé.
		de laquelle.	Coriolan vint assiéger Rome d'*où* il avoit été banni.
		dont.	Les principes d'*où* dépend le système de Descartes.
	Remarque sur par *où*,	à l'acc. (Du pronom *lequel*, et signifie ici.) — par.	Rien de plus bas que les moyens par *où* les flatteurs parviennent.
		Comme régime d'une préposition. — lesquels	
6°. Les pronoms absolus.	Étymologie.	Ainsi appelés, parce qu'ils n'ont point d'antécédens, c'est-à-dire de substantifs avant eux auxquels ils se rapportent.	
	Emploi dans le sens. — Explicatif.	L'expression du sujet est vague, et indéterminée.	Qui sera assez hardi pour m'attaquer ?
	Déterminatif.	L'expression du sujet est déterminée et définie.	Qui de vous sera assez hardi pour m'attaquer ?
	Parallèle avec les relatifs. — Semblables	par l'expression du sujet.	Comme eux ils rendent un sujet { déterminé. / indéterminé. }
	Différens	par leur nature.	Les relatifs ont toujours un antécédent. Les absolus n'en ont jamais.
	8 Divisions d'espèces.	1°. qui. — 2°. que. — 3°. quoi. { des 2 genres. des 2 nombres. }	
		4°. quel. { sing. { m. quel. / f. quelle. } plur. { m. quels. / f. quelles. } }	
		5°. lequel. { sing. { m. lequel. / f. laquelle. } plur. { m. lesquels. / f. lesquelles. } }	
		6°. où. — 7°. d'où. — 8°. par où. { des 2 genres et des 2 nombres. }	

| ANALYSE | | DÉFINITION | EXEMPLES |
DIVISION	SUBDIVISION		
6°. Les pronoms absolus.	4 remarques sur qui	1°. sans aucun rapport . . .	*Qui* sera assez hardi pour l'attraper ?
		2°. avec rapport.	*Qui* choisissez-vous pour *compagnon* ?
		3°. avec rapport alternatif. .	*Qui* d'eux ou de nous, gagneroit au parallèle ?
		4°. suivi d'un relatif. . . .	*Qui* est-ce *qui* est venu ?
	4 remarques sur que	1°. sans rapport { au nominatif.	*Que* sommes-nous devant Dieu ?
		{ à l'accusatif.	*Que* prétendez-vous faire ?
		2°. avec rapport. . . . (le nom suivant toujours au singulier masculin.)	*Que* dit-on de nouveau ?
		3°. suivi d'un relatif devant un verbe.	*Qu'*est-ce que vous craignez ?
		4°. suivi d'un conjonctif, devant un nom. . . .	*Qu'*est-ce que Dieu ?
	2 remarques sur quoi	sans rapport { au nominatif.	*Quoi* de plus triste !
		{ au datif	A *quoi*, ou *que* sert la science, sans la charité ?
		{ à l'accusatif.	Après *quoi* attendez-vous ?
		{ à l'ablatif.	De *quoi* tirez-vous votre subsistance ?
		avec rapport. le nom suivant toujours au singulier masculin.	A *quoi* vous attendez-vous de bon ?
	Remarq. sur quel	suivi d'un nom relatif, { exprimé.	De *quel* prince lisez-vous l'histoire ?
		{ sous-entendu.	*Quelle* est-elle ?
	Remarq. sur lequel	toujours sous-entendu. . . .	*Lequel* préférez-vous, pour mari ?
	3 remarques sur où	1°. à l'accusatif, comme régime d'une préposition. [il signifie] en quel lieu.	*Où* allez-vous ?
		2°. au datif, — à quoi.	*Où* aspirez-vous ?
		3°. à l'accusatif, comme ci-dessus. — en quoi.	Voilà *où* nous avons manqué.
	Remarque sur d'où	à l'ablatif. . . [il signifie] de quel lieu	*D'où* venez-vous ?
		de quoi.	*D'où* tirez-vous cette conséquence ?
	Remarque sur par où	à l'accusatif, comme régime d'une préposition. . . . [il signifie] par quel lieu	*Par où* passerons-nous ?
		par quel moyen	*Par où* viendrez-vous à bout de votre entreprise ?

ANALYSE		DÉFINITION	EXEMPLES.
DIVISION.	SUBDIVISION.		

7°. Les pronoms indéfinis. — **Quatre espèces principales.**

Étymologie. . . . . Ainsi appellés, parce que ces pronoms expriment toujours leur objet d'une manière vague et indéterminée.

1°. Pronoms indéfinis sans substantif. Sept subdivisions.

Subdivision	Définition
1°. quiconque. .	des 2 genres.
2°. quelqu'un . .	S. { masc. quelqu'un. / fém. quelqu'une. } P. { masc. quelques-uns. / fém. quelques-unes. }
3°. chacun	S. { masc. chacun. / fém. chacune. } sans pluriel.
4°. autrui.	des 2 genres, sans pluriel.
5°. personne. .	signifie { ou quelqu'un. / ou aucun. } masc. sans pluriel.
6°. rien.	indéclinable.
7°. l'un l'autre. .	S. { masc. l'un, l'autre. / fém. l'une, l'autre. } P. { masc. les uns, les autres. / fém. les unes, les autres. }

2°. Pronoms indéfinis adjectifs, avec un substantif. Quatre subdivisions.

Subdivision	Définition
1°. quelque. . .	des 2 genres { sing. quelque. / plur. quelques. }
2°. chaque. . . .	des 2 genres, sans pluriel.
3°. certain	S. { masc. certain. / fém. certaine. } P. { certains. / certaines. }
4°. quelconque. .	des 2 genres { sing. quelconque. / plur. quelconques. }

3°. Pronoms indéfinis, tantôt substantifs et tantôt adjectifs, avec un substantif. Neuf subdivisions.

Subdivision	Définition
1°. nul.	{ masc. nul. / fém. nulle. } sans pluriel.
2°. aucun. . . .	{ masc. aucun. / fém. aucune. } sans pluriel.
3°. pas un . . .	{ masc. pas un. / fém. pas une. } sans pluriel.
4°. autre	{ sing. autre. / plur. autres. } des 2 genres.
5°. l'un et l'autre.	comme pour l'un, l'autre, *Voyez ci-dessus.*
6°. le même. .	S. { masc. le même. / fém. la même. } pluriel, les mêmes.
7°. tel	S. { masc. tel, tels. / fém. telle, telles. } pluriel
8°. plusieurs . .	des 2 genres, sans sing.
9°. tout.	signifient { masc. tout, / fém. toute. } sans pluriel, chaque.

ANALYSE.		DÉFINITION.	EXEMPLES.
DIVISION.	SUBDIVISION.		
7°. Les pronoms indéfinis.	4°. pronoms indéfinis suivis de que. 6. subdivisions.	1°. qui que ce soit. 2°. quoi que ce soit. — indéclinable. ind. 3°. quel.... que. — sing. { m. quel... que *ou* qu'il. / f. quelle.. que *ou* qu'elle } plur. { m. quels.. que *ou* qu'ils. / f. quelles.. que *ou* qu'elles. } 4°. quoique. 5°. quelque...que. — indéclinable. ind. 6°. tout... que. — sing. { m. tout.. que *ou* qu'il. / f. toute.. que *ou* qu'elle. } plur. { m. tous.. que *ou* qu'ils. / f. toutes.. que *ou* quelles. }	
	1°. pronoms indéfinis sans substantif.	1°. quiconque. *signifie* toute personne qui.	les flatteurs vivent aux dépens de *quiconque* veut les écouter.
		2°. quelqu'un { pour les personnes. / pour les choses. }	*quelqu'un* a-t-il jamais douté de l'existence de Dieu? je me servirai de *quelques-uns* de ces livres.
		3°. chacun. *signifie* chaque. { pour les personnes. / pour les choses. }	*chacun* suit son inclination. remettez ces médailles *chacune* en sa place.
		4°. autrui — des autres.	il ne faut pas insulter à la raison d'*autrui*.
		5°. personne *signifie* { avec négation. nul homme. / sans négation. aucun, *ou* quelqu'un. }	la fierté ne convient à personne. personne a-t-il jamais raconté plus naïvement *que* la Fontaine?
		6°. rien *signifie* { avec négation. nulle chose. / sans négation, aucune. ou quelque chose. }	on est bien malheureux, quand on ne sait s'appliquer à rien de solide. y a-t-il rien de plus admirable *que* la vertu de l'aimant?
		7°. l'un l'autre *signifie quand ils sont* { conjoints. réciprocité. / séparés. division. }	le feu et l'eau se détruisent *l'un l'autre*. les *uns* opinent à la mort, les *autres* aux galères.
	2°. pronoms indéfinis adjectifs, avec substantif.	1°. quelque, *nombre indéter.* { personne indéterminée. pour les personnes. / pour les choses. }	*quelque* auteur a avancé que l'âme n'étoit pas immortelle. c'est le sentiment de QUELQUES philosophes qu'il y a du vuide dans la nature. on n'occupe guere de grands emplois, sans être exposé à QUELQUES disgraces.
		2°. chaque { pour les personnes. / pour les choses. }	*chaque* auteur a ses principes. *chaque* chose a son prix.
		3°. certain; *signifie quelque* { pour les personnes. / pour les choses. }	*certain* philosophe a dit que toutes nos connoissances venoient par les sens. il y a *certain* cas où cette affaire seroit autrement vue.
		4°. quelconque. — quelque soit.	nonobstant opposition *quelconque*.

ANALYSE		DÉFINITION	EXEMPLES
DIVISION	SUBDIVISION		
	1°. nul.	*suivi de la négation ne signifie* — sans rapport ..... personne	*nul* ne peut se flatter d'être sans défaut. m.
		avec rapport	*nulle* de vous ne peut se plaindre de ma conduite. f.
	2°. aucun.	*avec négation* — pour les personnes;	*aucun* ne m'a été contraire.
		pour les choses..	je n'ai pris *aucun* des livres que vous m'avez proposés.
		signifie sans négation, quelqu'un	de toute l'assemblée, y en a-t-il *aucun* qui vous ait approuvé ?
	3°. pas un.	— aucun	pas *un* ne m'a été contraire.
1°. pronoms indéfinis substantifs seulement. 9 subdivisions.	4°. autre...	1°. pour les personnes.	un *autre* ne vous auroit pas pardonné aussi aisément que moi.
		2°. pour les choses...	on ne peut être heureux en cette vie et en *l'autre*.
		3°. *signifie* différent	un voyageur rapporte souvent les choses tout *autres* qu'elles ne sont.
	5°. l'un et l'autre.	*signifie* assemblage......	*l'un et l'autre* rapportent les mêmes faits.
	6°. même	*signifie identité* — pour les personnes,	le *même* homme m'est venu voir.
		pour les choses,	je travaille toujours à la *même* affaire.
	7°. tel,	*dans le sens* déterminé.	avez-vous vu un *tel* ?
		indéterminé..	*tel* sème, qui souvent ne recueille pas.
	8°. plusieurs	....	*plusieurs* ont cru le monde éternel.
	9°. tout...	— toutes choses. ...	les pyrrhoniens doutoient de *tout*.
	1°. nul...	*signifie* sans valeur.	ce testament est *nul*.
		point.	il n'y a dans la plupart des ouvrages nouveaux *nul* goût.
	2°. aucun.	1°. joint à un substantif.	je ne me rappele *aucun* trait de cette histoire.
		2°. précédé du pronom *en*.	de tous les peuples, il n'y en a *aucun* qui n'adore un Dieu.
2°. pronoms indéfinis adjectifs avec substantif. 9 subdivisions.	3°. pas un.	— exclusion.	de tous vos amis, je n'en connois *pas un* de sincère.
	4°. autre...	....	les anciens ne croyoient pas qu'il y eût un *autre* monde.
	5°. l'un et l'autre.	....	il n'y a guère d'hommes qui se servent également de *l'une et de l'autre* main.
	6°. même	*signifie* énergie.	ce roi *même* ne dédaignoit point de s'entretenir avec le dernier de sa cour.
		identité, ...	c'est le *même* soleil qui éclaire toute la terre.
		égalité.	il est rare de trouver deux hommes du *même* caractère.

(Accolade de gauche :) 8°. Pronoms indéfinis, tantôt substantifs, et tantôt adjectifs avec substantif. 2 divisions.

ANALYSE		DÉFINITION.	EXEMPLES.
DIVISION.	SUBDIVISION.		
3°. Pronoms indéfinis tantôt substantifs et tantôt adjectifs avec substantif 2 divisions. 2°. Suite des pronoms indéfinis adjectifs, avec substantif. 9 subdivisions.	7°. tel . . . . *signifie* comparaison { P. les personnes. / P. les choses.		tel il a été, tel il sera toujours. telle vie, telle fin.
	8°. plusieurs. . . { pour les personnes / pour les choses.		plusieurs princes se sont ligués inutilement contre la France. on ne réussit guère en embrassant plusieurs états
	9°. Tout. . . *signifie* { entier / chaque / la totalité		tout le pays est inondé. tout homme est mortel. pouvons-nous être insensibles à tous les bienfaits de Dieu ?
4°. Pronoms indéfinis suivis de *Que*. 6 divisions.	1°. qui que ce soit. ou qui que ce fût	*signifie* { sans négation — quiconque. / avec négation — personne.	qui que ce soit, dites que je suis en affaire. je n'envie le sort de qui que ce soit.
	2°. quoique ce soit, ou quoique ce fût.	*signifie* { sans négation suivi de qui ou de que — quelque chose. / avec négation. — rien.	quoique ce soit qui vous ait retenu. il ne pense à quoique ce soit.
	3°. quel....que.	{ pour les personnes. / pour les choses	les criminels doivent être punis, quels qu'ils puissent être. quelles que soient les offres d'un ennemi, on doit toujours s'en défier.
	4°. quoi...que. mieux quel....que.	—quelque chose que.	je veux tenter l'aventure, quoiqu'il puisse m'en arriver.
	5°. quelque. que.	quoique.	dans quelque élévation que l'on soit, il ne faut pas s'oublier.
	6°. tout....que.	quoique.	Pompée, tout capitaine qu'il étoit, fit des fautes essentielles.

ANALYSE.		DÉFINITION.	EXEMPLES.
DIVISION.	SUBDIVISION.		
Remarques importantes	sur quelque....que	déclinable—devant un substantif avec ou sans adjectif	quelles que soyent vos infortunes, sachez vous y résigner.
		indéclinable—devant un adjectif séparé de son subs tantif	quelque brillantes qu'ayent été nos victoires, Bonaparte a su se modérer.
	sur tout....que	déclinable— devant une consonne.	toute vertueuse qu'ait paru la célèbre Corday, elle n'en commit pas moins un crime en assassinant Marat.
		indéclinable—devant une voyelle ou une *h*, aspirée.	tout éclairée que puisse être une femme, elle ne figurera jamais bien parmi nos politiques.

Il s'écrit en 2 mots.

| ANALYSE | | DÉFINITION. | EXEMPLES. |
DIVISION.	SUBDIVISION.		
Division générale du verbe sous 16 rapports.	1°. étymologie.		
	2°. nature.		
	3°. caractére distinctif.		
	4°. conjugaisons		
	5°. propriété.		
	6°. division des modes.		
	7°. — des temps.		
	8°. — des nombres.		
	9°. — des personnes.		
	10°. division des modes en temps, nombres et personnes.		
	11°. formation des temps.		
	12°. terminaison des temps.		
	13°. emploi des temps du subjonctif.		
	14°. espéces principales de verbes.		
	15°. subdivision des espéces principales.		
	16°. tableaux des conjugaisons.		
1°. Étymologie	verbe.	signifie le *mot*. C'est le mot par excellence du discours. Sans verbe, on ne peut faire de phrases.	
2°. nature du verbe,	1°. il exprime les jugemens. 2°. il a caractère d'affirmation.		Dieu est juste. Dieu n'est pas injuste.
	l'attribut, le sujet, caractère d'affirmation. 1°. chose dont on affirme.	s'appele le sujet.	
	2°. ce qu'on en affirme	l'attribut.	
	la chose dont on parle	exprimé toujours par 1°. nom substantif. 2°. pronom. — toujours nominatif du verbe.	la *vertu* est aimeble, elle est pleine de charmes.
	exprimant qualité	toujours exprimé par un adjectif { qui convient, qui ne convient pas. — toujours lié au sujet par un verbe.	Dieu est *bon et indulgent*, il n'est pas *méchant et vindicatif*.
	le sujet, l'attribut, la phrase.	sont les termes d'une phrase. liaison de mots renfermant un sens.	

ANALYSE — DIVISION.	SUBDIVISION	DÉFINITION.	EXEMPLES.
3°. Caractère distinctif du verbe.	1°........;	les pronoms { je, tu, il, elle / nous, vous, ils, elles / ou le nom substantif } sont immédiatement avant lui.	il joue. Pierre aime son frère.
	2°..........	il a des conjugaisons, comme le nom a des cas.	je lirai, tu liras, il lira.
	.... (dérivation. définition.)	les conjugaisons sont autant de différences dans les terminaisons de toutes les parties du verbe.	je chante, je chantois, j'ai chanté, je chanterai.
	....	elles dérivent de celle qu'on appele infinitif; c'est donc par l'infinitif qu'on distingue le verbe sous le rapport des conjugaisons.	
4°. Conjugaisons.	4 sortes. { la 1re. / la 2e. / la 3e. / la 4e. }	l'infinitif est terminé en — er. / ir. / oir. / re.	aimer. chanter. / finir. avertir. / recevoir. devoir. / entendre. boire vaincre
	les verbes nécessaires aux conjugaisons. les aux. { avoir / être, }	appelés auxiliaires, du mot secours, parce que les autres verbes ne se conjuguent en partie qu'avec leur secours. (Voyez les conjugaisons de ces deux verbes au tableau des conjugaisons.)	j'ai estimé, je suis estimé. je suis aimé, j'ai été aimé.
	division des verbes sous le rapport des conjugaisons. chacune des 4 conjugaisons renferme ces 3 espèces. les réguliers.	ainsi appelés, parce qu'ils suivent la règle ordinaire des conjugaisons.	1re. 2e. 3e. 4e. aimer, finir, recevoir, entendre.
	les irréguliers.	ainsi appelés, parce qu'ils ont quelques irrégularités dans quelques-uns de leurs temps.	aller, haïr, mouvoir, prendre.
	les défectueux.	ainsi appelés, parce qu'il leur manque quelques temps. (Voir leurs différences au tableau des conjugaisons.)	chapeler, faillir, choir, braire.
5°. Propriétés du verbe.	les modes.	ce mot vient de manière. Ce sont les différentes manières d'affirmer ou de signifier dans les verbes.	
	les temps.	ce sont les différentes terminaisons qui font connoître à quel temps il faut rapporter l'attribut.	
	les nombres.	quand ce qu'on affirme se rapporte à une seule chose ou à plusieurs.	
	les personnes.	quand on affirme quelque chose, ou de soi-même ou de plusieurs.	

| ANALYSE | | DÉFINITION. | EXEMPLES. |
DIVISION.	SUBDIVISION		
6°. Division des modes. 4.	l'indicatif. . .	du mot *indiquer*. Il indique, il marque directement dâns tous ses temps ce qui est signifié par le verbe, avec l'affirmation simple., sans dépendance d'aucun autre mot précédent.	j'aime, j'ai aimé, j'aimerai.
	l'impératif. .	du mot *commander*. Il signifie l'action de prier, d'inviter, d'ordonner.	*signification* du présent. Chérissez vos parens. du futur. Allez les voir demain.
	le subjonctif.	du mot *soumis*, *conjoint*. On l'emploie toujours à la suite de quelques mots dont il dépend. Il n'a qu'une affirmation indirecte et subordonnée à la première.	j'attends qu'il *vienne*.
	l'infinitif. .	ainsi appelé, parce qu'il n'exprime l'action ou signification du verbe, que d'une manière vague et indéfinie.	aimer, finir, avoir, lire.
	parallele de l'infinitif avec les articles.	c'est par l'infinitif que l'on reconnoît l'espèce des verbes; et par les articles, les noms.	
7°. Division des temps. 11.	*espèces principales.* temps naturels. 3. — temps naturels.	ceux du premier ordre, ou primitifs.	
	temps re latifs.	ceux du second ordre, ou secondaires; ils ont rapport aux premiers.	
	1°. le présent.	*marque* — une affaire actuelle.	je chante, je lis.
	2°. le passé ou prétérit indéfini.	une affaire entièrement accomplie et sans désigner précisément à quelle époque.	j'ai chanté, j'ai lu.
	3°. le futur.	une chose que l'on espère, et qui doit se faire.	je chanterai, je lirai.
	temps relatifs. 8. — 1°. le conditionel présent.	*a rapport* au présent. Il marque le présent sous condition.	nous serions heureux, si la paix étoit conclue.
	2°. l'imparfait.	qu'une chose se faisoit en même temps qu'une autre dans un temps passé:	j'étois à Paris lorsque vous quittâtes l'armée.
	3°. le prétérit simple.	*ont rapport au prétérit indéfini.* *ils marquent* — une chose passée dans un temps dont il ne reste plus rien.	je fus malade l'année dernière.
	4°. le prétérit antérieur.	une chose passée avant une autre dans un temps dont il ne reste plus rien.	quand j'eus reçu mon argent, je m'en allai.
	5°. le prétérit antérieur indéfini.	une chose passée avant une autre dans un temps qui dure encore.	quand j'ai eu reçu mon argent, je m'en suis allé.
	6°. le plusque-parfait.	une chose passée à l'égard d'une autre chose qui est aussi passée.	je vous avais écrit, lorsque je reçus votre lettre.
	7°. le conditionnel passé.	qu'une chose seroit arrivée dans un temps passé, moyennant certaines conditions.	j'aurois poursuivi votre affaire, si vous l'eussiez desiré.
	8°. le futur passé.	*a rapport au futur.* qu'une chose qui n'est pas encore, sera passée quand une autre chose arrivera.	quand j'aurai soupé, je me coucherai.

ANALYSE		DÉFINITION	EXEMPLES
DIVISION.	SUBDIVISION.		
8°. Division des nombres. 2.	singulier	*ne s'entend que d'une personne ou d'une chose, et prend toujours devant lui un des pronoms*	
		je.	je suis sur le point de partir.
		tu.	tu aimes les voyages.
		il, *ou* elle, (ou un substantif singulier) . . .	il, *ou* elle, *ou* Pierre m'attend.
	pluriel	*s'entend de plusieurs et prend toujours devant lui un des pronoms*	
		nous.	nous sommes sur le point de partir.
		vous.	vous aimez les voyages.
		ils, *ou* elles, (ou un substantif pluriel) . .	ils, ou elles, ou Pierre et Jean m'attendent
	remarques. 1°.	le verbe est toujours du même nombre que son nominatif.	Pierre est arrivé.
	2°.	il se met au pluriel quand son nominatif est collectif.	Pierre et Alexandre sont arrivés.
	3°.	on emploie toujours par politesse *vous* pour un singulier.	je vous aimerai toujours, ma sœur.
9°. Division des personnes. 3.	1re. celle qui parle.	*jointes immédiatement au verbe* — sing. je, *ou* moi. . . / plur. nous	j'écoute, je lis. / nous écoutons, nous lisons.
	2e. celle à qui on parle.	sing. tu, *ou* toi. . . / plur. vous.	tu pars. / vous partez.
	3e. celle dont on parle.	sing. il *ou* elle, *ou* un substantif sing. / plur. ils *ou* elles; *ou* un substantif plur.	il, *ou* elle, *ou* votre frère part. / ils, *ou* elles, *ou* vos frères partent.
	remarques. 1°. 1re. pers. / 2e. / 3e.	*devant le relatif QUI, elles sont séparées du verbe* — sing. { moi. / toi. / lui, *ou* elle, *ou* un substantif sing. } / mêmes exemples pour	je ris, moi qui suis si sage. / tu me conseilles ainsi, toi qui es si sage. / il a travaillé ainsi, lui qui est si habile. / le pluriel.
	1re. pers. / 2e. / 3e.	*jointes à un verbe qui interroge, elles sont après le verbe* — plur. { nous. / vous. / ils, *ou* elles, *ou* un substantif plur. } / mêmes exemples pour	partirons-nous? / partirez-vous? / partiront-ils, *ou* partiront-elles? / le singulier.
	1°.	le verbe est toujours à la même personne que son nominatif.	ce n'est pas lui qui a ouvert la porte.
	2°.	s'il a deux nominatifs de différentes personnes, si l'une est de la 1re. et l'autre de la seconde, il s'accorde avec la 1re.	nous partirons vous et moi.
	3°.	si l'un est de la seconde, et l'autre de la 3e., il s'accorde avec la seconde.	vous partirez vous et ma sœur.

ANALYSE		DÉFINITION.	EXEMPLES.
DIVISION.	SUBDIVISION.		

10°. Division des modes en temps, nombres et personnes.

1°. De l'indicatif.

Temps.

Subdivision	Définition	Exemples
1°. simples	ils se conjuguent sans les auxiliaires.	je reçois, je recevrai.
2°. composés.	ils se conjuguent avec les auxiliaires.	j'ai reçu, j'aurois reçu.

5 temps simples.

Subdivision	Définition	Exemples
1°. le présent.	Voir le surplus au tableau des conjugaisons.	je reçois.
2°. le prétérit.		je reçus.
3°. le conditionnel présent.		je recevrois.
4°. l'imparfait.		je recevois.
5°. le futur.		je recevrai.

6 temps composés.

Subdivision	Définition	Exemples
le prétérit indéfini.	Voir le surplus au tableau des conjugaisons.	j'ai reçu.
le prétérit antérieur.		j'eus reçu.
le prétérit antérieur indéfini.		j'ai eu reçu.
le plusque parfait.		j'avois reçu.
le futur passé.		j'aurai reçu.
le conditionnel passé.		j'aurois reçu.

Chaque temps renferme 2 nombres

Subdivision	Définition	Exemples
{ le singulier.	Voir le surplus au tableau des conjugaisons.	j'ai reçu.
{ le pluriel.		nous avons reçu.

Chaque nombre renferme 3 personnes

Subdivision	Définition	Exemples
{ la première.	Voir le surplus au tableau des conjugaisons.	je recevrai.
{ la deuxième.		tu recevras.
{ la troisième.		il recevra.

2°. De l'impératif.

Temps.

Subdivision	Définition	Exemples
le présent	avec signification naturelle	obéissez à vos parents.
	du futur	espérez qu'il reviendra bientôt.

Ce temps renferme 2 nombres

Subdivision	Définition	Exemples
{ le singulier.	Voir le surplus au tableau des conjugaisons.	aimes ton ami.
{ le pluriel.		aimez vos amis.

Le singulier renferme 2 personnes

Subdivision	Définition	Exemples
{ la deuxième.		lis.
{ la troisième.		qu'il lise.

Le pluriel renferme 3 personnes

Subdivision	Définition	Exemples
{ la première.	Voir le surplus au tableau des conjugaisons.	lisons.
{ la deuxième.		lisez.
{ la troisième.		qu'ils lisent.

Remarque sur le singulier

. . . .	La 1re. personne est supprimée au singulier, parce qu'on ne peut s'adresser à soi-même ni prière, ni invitation, ni ordre.

ANALYSE		DÉFINITION.	EXEMPLES.
DIVISION.	SUBDIVISION.		
3°. Du subjonctif — Chaque temps renferme 2 temps simples	{ le présent.	avec signification naturelle.	dites-lui qu'il vienne.
		du futur.	je désire qu'il arrive bientôt
	l'imparfait.	(Voir le surplus au tableau des conjugaisons.)	que je reçusse.
Chaque temps renferme 2 temps composés	{ le prétérit.		que j'aye reçu.
	le plusque parfait.	(Voir le surplus au tableau des conjugaisons.)	que j'eusse reçu.
Chaque nombre renferme	2 nombres, { le singulier.	(Idem.)	que je reçusse.
	le pluriel.		que nous reçussions.
	3 personnes, { la première.	(Idem.)	que je reçusse.
	la deuxième.		que tu reçusses.
	la troisième.		qu'il reçût.
4°. De l'infinitif — 3 temps simples	{ le présent.		recevoir.
	le participe { actif { passif } présent.	appellé *participe*, parce qu'il tient du verbe et du nom : du verbe, il en dérive ; du nom, il vient de l'adjectif. (Le surplus à la 5e. section.)	recevant. reçu.
3 temps composés	le passé, *ou* le prétérit.		avoir reçu.
	le participe { actif { passif } passé.	(Idem.)	ayant reçu. ayant été reçu.
	le gérondif	C'est une espèce de participe indéclinable ; il prend toujours devant lui la préposition *en*; quelquefois elle est sous-entendue.	on ne craint rien, en vivant honnête homme.
Division des temps	{ primitifs	ceux d'origine première.	
	dérivés	ceux qui dérivent des primitifs.	
5 primitifs	1°. l'infinitif présent.	appelés primitifs, parce qu'ils sont du 1er. ordre, et que les autres temps dérivent d'eux.	aimer.
	2°. le participe actif présent.		aimant.
	3°. le participe passif.		aimé.
	4°. le présent de l'indicatif.		j'aime.
	5°. le prétérit de l'indicatif.		j'aimai.

ANALYSE.

DIVISION.	SUBDIVISION.	DÉFINITION.	EXEMPLES.

11°. Formation des temps.

9 dérivés. — dérivent :

le futur.	de l'infinitif présent *aimer.* . , ... en ajoutant *ai.*	j'aimerai.
le conditionnel présent.		*ois.* j'aimerois.
l'imparfait,	— du participe actif présent *aimant.* en changeant *ant* en *ois.*	j'aimois.
	— du prétérit de l'indicatif *j'aimai.* en ajoutant *sse.*	j'aimasse.

après avoir supprimé l'*i* pour la première conjugaison seulement.

addition aux dérivés. — L'impératif, quoique compris au rang des 4 modes, fait partie de la division des *dérivés*, parce qu'il exprime un temps.

quoique les 6 temps composés :

le prétérit indéfini.		j'ai.	j'ai aimé.
— antérieur		j'eus.	j'eus aimé.
— indéfini.	du participe passé. *aimé* . en ajoutant	j'ai eu.	ai eu aimé.
le plusque-parfait.		j'avois.	j'avois aimé.
le futur passé.		j'aurai.	j'aurai aimé.
le conditionnel passé		j'aurois.	j'aurois aimé.

Il dérive :

du présent de l'indicatif *j'aime.* en ajoutant *que* aux 3es. pers. du sing. et du plur. *(le présent du subj. impératif)* — aimes.

de la 3e. pers. du plur. *ils aiment.* en ajoutant *que* *(le présent du subj. impératif)* — que j'aime.

Nota. Le présent du subjonctif se forme dans ces 4 conjugaisons de la 3e. pers. du plur. du présent . . . . en supprimant, *nt* en ajoutant *que* . . ils entendent. que j'entende.

Il y a quelques exceptions pour ces 3 autres conjugaisons.
Voir au surplus le tableau des conjugaisons.

12°. Terminaisons des temps.

présent de l'indicatif.

| 1re. conjugaison. la 2e. pers. du sing; la 3e. du pluriel. | prend *s* . . . *nt* | 1re. pers. j'aime. 2e. pers. tu aimes. 3e. pers. il aime. 3e. pers. ils aiment. |
| 2e. 3e. 4e. conjugaisons. | à la 3e. pers. du sing. *s.* à la 3e. pers. du plur. *s.* en supprimant *s* on y sert du *t* met *s* et *ent* | 1re. pers. je lis. 2e. pers. tu lis. 3e. pers. il lit. 3e. du plur. ils lisent. |

imparfait de l'indicatif.

| 1re. conjugaison. à la 3e. pers. du sing, à la 3e. du plur. | en supprimant *s* on se sert du *t* *ent* | 1re. pers. j'aimois. 2. pers. tu aimois. 3e. pers. il aimoit. 3. plur. ils aimoient. |

mêmes règles pour les autres conjugaisons.

futur simple.

| 1re. conjugaison, à la 3e. pers. du plur. | on supprime *s* on se sert du *t* | 1re p. plur. nous aimerons. 3 idem. ils aimeront. |

mêmes règles pour les autres conjugaisons.

règles générales et conclusives.

Dans tous les temps où les personnes ont entr'elles mêmes sens dans leurs terminaisons.

la 2e. personne du singulier.	se distingue par	*s.*	excepté dans la première conjugaison, et dans quelques-unes de la quatrième, au présent.
la 3e. personne du singulier.		*t.*	
la 3e. personne du pluriel.		*ent* ou *nt.*	

ANALYSE		DÉFINITION.	EXEMPLES.
DIVISION.	**SUBDIVISION.**		
13º Emploi des temps du subjonctif.	1º. le présent.	pour exprimer une chose non passée. il s'emploie après — le présent de l'indicatif : dans le sens naturel, / dans le sens du futur. — le futur, ...	croyez-vous qu'il soit en chemin ? / je ne crois pas qu'il revienne demain. / j'attendrai que la belle saison vienne.
	2º. l'imparfait.	pour exprimer un passé renfermé dans le premier. il s'emploie après — le prétérit simple. / le prétérit indéfini. / le conditionnel présent. / le conditionnel passé. / l'imparfait. / le plusqueparfait.	votre ami voulût que je l'accompagnasse. / il a désiré que j'y fisse séjour. / je désirerois que vous vinssiez souvent. / auriez-vous desiré que je l'accusasse ? / je souhaitois qu'il vint. / j'avois empêché qu'on ne vous insultât.
	3º. le prétérit.	pour exprimer un passé accompli, relativement second au premier temps. il s'emploie après — le présent. / le prétérit indéfini. / le futur.	je doute fort que vous ayez appris le métier des armes. / il a fallu que j'aye sollicité tous mes juges. / je ne ferai rien que je ne vous aye consulté.
	4º. le plusque-parfait.	pour exprimer un passé entièrement accompli, et plus éloigné que le premier temps. il s'emploie après — le prétérit. / le prétérit indéfini. / le conditionnel présent. / le conditionnel passé. / l'imparfait. / le plusque-parfait.	vous ne crûtes pas qu'on vous eût tendu un piège. / vous n'avez pas cru que j'eusse perdu mon procès. / trouveriez-vous mauvais qu'il n'eût point suivi nos conseils ? / auriez-vous préféré qu'il ne nous eût point consultés ? / j'ignorois qu'il eût reçu vos ordres. / nous n'avions pas cru qu'il les eût suivis.

ANALYSE — DIVISION	SUBDIVISION	DÉFINITION	EXEMPLES
14°. Espèces principales de verbes.	1°. le substantif	Ainsi appelé parce que, comme le nom substantif, il désigne l'objet subsistant par lui-même, et simplement exprimé en lui-même.	
	2°. les adjectifs.	ainsi appelé du mot *ajouté*, parce qu'il renferme désignation des qualités dont l'objet, ou le sujet est revêtu; sous ce rapport il est semblable au nom adjectif.	
	3°. les auxiliaires.	ainsi appelés du mot *secours*, parce qu'ils servent aux conjugaisons des autres verbes.	
Le substantif — nature. sortes. 1. être.		(Voir sa conjugaison au tableau.)	
nature.		1°. il n'a qu'un seul caractère, celui d'affirmation.	ce jugement est inique.
		2°. il sert à lier le sujet avec l'attribut.	Dieu est juste.
le verbe, 5 sortes.	1°. actif. 2°. neutre. 3°. passif. 4°. réfléchi et réciproque. 5°. impersonnel.		
L'adjectif — nature. il renferme…		1°. affirmation et attribut. 2°. désignation du temps, du nombre et de la personne.	Dieu aime les hommes.
étymologie		appelé *actif* parce qu'il exprime une action au dehors.	
15°. Subdivisions des espèces principales, 1°. De l'adjectif. — 1°. Le verbe actif. nature. principes de l'action		spirituel. — tout ce qui convient aux facultés de l'âme.	aimer, connoître, voir, entendre.
		matériel. — tout ce qui convient aux sens.	battre, rompre, tuer, briser.
régimes de l'action, sujet de la phrase ou de la proposition		le principe spirituel. 1°. l'objet } Dieu est ici l'objet de l'action.	Pierre aime *Dieu*.
		le principe matériel. 2°. le sujet } Goliath est ici le sujet de l'action.	David tua *Goliath*.
		tous les nominatifs des verbes sont sujets de la proposition; ou, ce qui est la même chose, de la phrase. Pierre et David sont donc les sujets de la phrase.	
caractère distinctif		1°. quand dans l'action produite par { le principe spirituel. / le principe matériel. } il y a différence de l'action entre { le sujet et l'objet }	*Paul* aime la *musique*.
		{ le sujet de la proposition et le sujet de l'action. }	mon *ami* doit apporter son *clavecin*.
		2°. quand on peut mettre immédiatement après le verbe le mot { quelqu'un.	connoître quelqu'un.
		quelque chose }	porter quelque chose.
régime		il gouverne toujours l'accusatif.	je loue votre conduite.

ANALYSE — DIVISION	ANALYSE — SUBDIVISION	DÉFINITION	EXEMPLES
15°. Subdivision des espèces principales de verbes. 2°. Le verbe neutre.	caractère distinctif — étymologie.	*neutre*, signifie *ni l'un ni l'autre*, c'est-à-dire, ni substantif, ni actif; ou mieux, ne rénfermant ni substance ni action au-dehors.	
	sortes — 1°.	le verbe neutre sans action.	languir, croître, régner.
	sortes — 2°.	le verbe neutre exprimant une action renfermée dans le sujet agissant, qui est son nominatif.	aller, partir, arriver.
	parallèle — verbe actif 1°.	régime direct seul.	j'aime Dieu.
	verbe actif 2°.	régime direct et indirect.	je préfère la science aux richesses.
	verbe neutre 1°.	sans régime	Louis XIV a régné long-temps.
	verbe neutre 2°.	régime indirect seul.	j'ai profité du temps.
	régime — datif.		j'ai parlé à votre frère.
	ablatif.		je profiterai de l'occasion.
	remarque.	quand son régime est déjà celui d'un verbe actif, on remplace le nom de la personne, ou de la chose, par un pronom.	il a écouté vos avis et en a profité.
	1°.	avec le verbe être. le participe passif est déclinable.	cette femme est tombée morte.
	2°.	avec le verbe avoir. le participe passif est indéclinable.	Catherine a régné glorieusement.
Conjugaisons des temps composés. — remarques sur les verbes	aller — se conjugue avec	être, pour désigner un temps qui dure encore. — avoir, pour désigner un passé accompli	il est allé à Rome. — il a été à Rome.
	demeurer — se conjugue avec	être, quand on est encore dans un lieu. — avoir, quand on est parti.	il est demeuré à Paris pour y suivre un procès. — il a demeuré quelque temps à Rome,
	monter et descendre — se conjuguent avec	avoir, quand ils ont un régime absolu, alors ils sont actifs. — être, quand ils n'en ont pas.	la servante a monté du bois. — il est descendu de sa chambre.
	passer — se conjugue avec	avoir, même règle — être, même règle	Alexandre a passé l'Euphrate. — les beaux jours sont passés.
	sortir — se conjugue avec	avoir, { même règle / pour exprimer le retour. } — être, pour désigner une absence qui dure encore	on vous a sorti d'un mauvais pas — mon frère a sorti ce matin. — il est sorti depuis ce matin.
	périr — se conjugue avec	avoir, / être, } indifféremment.	tous ceux qui étoient sur le vaisseau { ont péri. / ou / sont péris. }

ANALYSE.		DÉFINITION.	EXEMPLES.
DIVISION.	SUBDIVISION.		

15°. Subdivision des espèces principales de verbes.

3°. le verbe passif.

caractère distinctif. — étymologie :

Définition	Exemples
passion, opposé d'action qui passe d'un état à l'autre, { action. / passion. }	j'aime. / je suis aimé.

parallèle :

du verbe actif	action matérielle et intentionnelle	principe de l'action. le nominatif	les étrangers admirent Bonaparte.
		terme de l'action. le régime	ce général a toujours battu son ennemi.
du verbe passif	action matérielle et intentionnelle	principe de l'action. le régime	Pierre est aimé de Paul.
		terme de l'action. le nominatif	David fut tué par Goliath.

régime :

	Définition	Exemples
1°.	quand il exprime une action intentionnelle, il régit l'ablatif	la vertu est admirée de tous. / Rome fut bâtie *par* Romulus.
2°.	quand il exprime une action matérielle, il régit { 1°. l'accusatif avec *par* / 2°. l'ablatif seulement pour le mot Dieu. }	les égyptiens ont été frappés de Dieu.

4°. les verbes réfléchis et réciproques.

verbes réfléchis.

caractère étymologie :

Définition	Exemples
sujet agissant sur lui-même.	je me connois.

sortes principales. caractère distinctif. :

	Définition	Exemples
1°.	identité de rapport entre le nominatif et le régime, en genre, nombre et personnes. { principe. terme. } le nominatif	je me repens.
2°.	emploi des pronoms conjonctifs entre le nominatif et le verbe.	tu te chagrines.
1°.	les verbes réfléchis par la signification.	
2°.	les verbes réfléchis par l'expression.	

verbes réfléchis par la signification.

parallèle.

	Définition	Exemples
du verbe réfléchi, par la signification, ou	sujet agissant sur lui-même { directement. / indirectement. }	je me justifie. / vous vous faites tort.
du verbe réfléchi par l'expression.	{ 1°. action simple du verbe neutre. / 2°. nullité dans la signification des pronoms conjonctifs comme régime. }	je me repens de ma faute.

sortes :

	Définition	Exemples
1°. directs.	sujet agissant directement sur lui-même.	Pierre se félicite.
2°. indirects.	sujet agissant indirectement sur lui-même.	Pierre se donne un habit.
3°. passifs.	{ sujet inanimé. / sujet animé. }	cette histoire se raconte différemment / Suzanne s'est trouvée innocente.

régime :

	Définition	Exemples
directs	{ 1°. le régime absolu, le pronom conjonctif exclusivement. / 2°. le régime relatif, distingué du nominatif. }	Paul s'applaudit. / je m'amuse au jeu.
indirects	{ 1°. le régime absolu, différent du nominatif, / 2°. le régime relatif, le pronom conjonctif exclusivement. }	votre frère se donne des louanges.
passifs,	{ 1°. le régime absolu, le pronom conjonctif exclusivement, / 2°. le régime relatif, distingué du nominatif. }	les métaux se tirent des entrailles de la terre.

ANALYSE.

15e. Subdivision des espèces principales de verbes.

DIVISION.	SUBDIVISION.	DÉFINITION.	EXEMPLES.
2e. de l'adjectif. — 4°. les verbes réfléchis et réciproques. (verbes réciproques.)	étymologie.	deux ou plusieurs sujets agissant les uns sur les autres avec réciprocité.	ils se battent tous deux.
	caractère distinctif. 1°.	nominatif. — nom pluriel ou collectif.	Pierre et Antoine se louent l'un l'autre, ou s'entrelouent.
	2°.	pronom conjonctif. — pluriel,	
	3°.	entre. — joint au verbe.	
	régime. direct.	régime absolu. — le pronom conjonctif.	Pierre et Antoine se louent l'un l'autre,
	indirect.	régime relatif. — le pronom conjonctif.	Pierre et Antoine se donnent des louanges.
3°. le verbe impersonnel.	étymologie	sans autre personne que la 3e. du singulier pour tous les temps.	il faut, il conviendroit.
	sortes. 1°. naturels.	signification naturelle.	il pleut, il faut, il importe.
	2°. accidentels.	tantôt personnels.	le dessin est un amusement honnête, il convient aux jeunes-gens.
		tantôt impersonnels.	la musique est un talent agréable, il convient que les jeunes gens s'y exercent.
	régime 1°.	sans régime.	il pleut, il tonne.
	2°.	régime relatif.	il importe aux hommes de bien vivre.
	caractère distinctif. 1°.	emploi exclusif du pronom il.	il faut aimer Dieu pardessus toutes choses.
	2°.	sans énonciation de nominatif, le sujet étant renfermé dans la signification du verbe.	
	3°.	le sujet est de la 3e. personne exclusivement.	
	4°.	sans action.	
5°. les auxiliaires.	étymologie	servant comme de secours aux autres pour former divers temps.	
	sortes. 1°. être, 2°. avoir.		
	caractère distinctif. parallèle. (être est)	auxiliaire, suivi d'un participe passif.	je suis estimé.
		substantif, suivi d'un nom.	Dieu est juste.
	(avoir est)	auxiliaire, suivi d'un participe passif.	j'ai estimé.
		actif, suivi d'un nom.	j'ai du crédit.

ANALYSE.		DÉFINITION.	EXEMPLES.
DIVISION.	SUBDIVISION.		
15°. Subdivision des espèces principales de verbes.	3°. les auxiliaires. Emploi { du verbe être (devant les participes passifs.)	1°. des verbes neutres.	je suis tombé.
		2°. des verbes passifs.	je suis aimé.
		3°. des verbes réfléchis. . . .	je me suis répenti.
	du verbe avoir (devant les participes passifs.)	1°. des verbes actifs.	j'ai aimé.
		2°. de quelques verbes neutres . .	j'ai dormi.
		3°. des verbes impersonnels. . .	il a fallu.

TABLEAUX DES CONJUGAISONS.

Verbe auxiliaire être.

Indicatif présent. pers.

sing.			prétérit indéfini.		Plusque-parfait.		Conditionnel passé.
	je-suis.	1re.	S.	1re. j'ai été.	S.	1re. j'avois été.	S.	1re. j'aurois, ou j'eusse été.

sing.
- je-suis. — 1re.
- tu es. — 2e.
- il est. — 3e.

prétérit indéfini. — S.
- 1re. j'ai été.
- 2e. tu as été.
- 3e. il a été.

Plusque-parfait. — S.
- 1re. j'avois été.
- 2e. tu avois été.
- 3e. il avoit été.

Conditionnel passé. — S.
- 1re. j'aurois, ou j'eusse été.
- 2. tu aurois, ou tu eusses été.
- 3.e il auroit, ou il eût été.

plur.
- nous sommes. — 1re.
- vous êtes. — 2e.
- ils sont. — 3e.

P.
- 1re. nous avons été.
- 2e. vous avez été.
- 3e. ils ont été.

P.
- 1re. nous avions été.
- 2e. vous aviez été.
- 3e. ils avoient été.

P.
- 1re nous aurions, ou nous eussions été.
- 2.e vous auriez, ou vous eussiez été
- 3.e ils auroient, ou ils eussent été.

Conditionnel présent.

sing.
- je serois. — 1re.
- tu serois. — 2e.
- il seroit. — 3e.

plur.
- nous serions. — 1re.
- vous seriez. — 2e.
- ils seroient. — 3e.

Prétérit antérieur.

S.
- 1re. j'eus été.
- 2e. tu eus été.
- 3e. il eut été.

P.
- 1re. nous eûmes été.
- 2e. vous eûtes été.
- 3e. ils eurent été.

Futur simple.

S.
- 1re. je serai.
- 2e. tu seras.
- 3e. il sera.

P.
- 1re. nous serons.
- 2e. vous serez.
- 3e. ils seront.

Impératif présent, ou futur.

S.
- 1re. . . . .
- 2e. sois.
- 3e. qu'il soit.

P.
- 1re. soyons.
- 2e. soyez.
- 3e. qu'ils soient.

Prétérit simple.

sing.
- je fus. — 1re.
- tu fus. — 2e.
- il fut. — 3e.

plur.
- nous fûmes. — 1re.
- vous fûtes. — 2e.
- ils furent. — 3e.

Imparfait.

S.
- 1re. j'étois.
- 2e. tu étois.
- 3e. il étoit.

P.
- 1re. nous étions.
- 2e. vous étiez.
- 3e. ils étoient.

Futur passé.

S.
- 1re. j'aurai été.
- 2e. tu auras été.
- 3e. il aura été.

P.
- 1re. nous aurons été.
- 2e. vous aurez été.
- 3e. ils auront été.

Subjonctif.

S.
- 1re. que je sois.
- 2e. que tu sois.
- 3e. qu'il soit.

P.
- 1re. que nous soyons.
- 2e. que vous soyez.
- 3e. qu'ils soient.

TABLEAUX DES CONJUGAISONS.

Verbe auxiliaire être.

SUBJONCTIF.

Prétérit indéfini.
S. { 1re. pers. que j'aye été.
2e. que tu ayes été.
3e. qu'il ait été.

P. { 1re. que nous ayons été.
2e. que vous ayez été.
3e. qu'ils aient été.

Imparfait.
S. { 1re. que je fusse.
2e. que tu fusses.
3e. qu'il fût.

P. { 1re. que nous fussions.
2e. que vous fussiez.
3e. qu'ils fussent.

Plusque-parfait.
S. { 1re. que j'eusse été.
2e. que tu eusses été.
3e. qu'il eût été.

P. { 1re. que nous eussions été.
2e. que vous eussiez été.
3e. qu'ils eussent été.

INFINITIF.

Présent. être.
Prétérit. avoir été.

participe actif. { présent. étant.
prétérit. ayant été.

passif. présent été.

gérondif. étant.

Verbe auxiliaire avoir.

INDICATIF.

Présent.
S. { 1re. pers. j'ai.
2e. tu as.
3e. il a.

P. { 1re. nous avons.
2e. vous avez.
3e. ils ont.

Conditionnel présent.
S. { 1re. j'aurois.
2e. tu aurois.
3e. il auroit.

P. { 1re. nous aurions.
2e. vous auriez.
3e. ils auroient.

Prétérit simple.
S. { 1re. j'eus.
2e. tu eus.
3e. il eut.

P. { 1re. nous eûmes.
2e. vous eûtes.
3e. ils eurent.

Prétérit indéfini.
S. { 1re. j'ai eu.
2e. tu as eu.
3e. il a eu.

P. { 1re. nous avons eu.
2e. vous avez eu.
3e. ils ont eu.

Prétérit antérieur.
S. { 1re. j'eus eu.
2e. tu eus eu.
3e. il eut eu.

P. { 1re. nous eûmes eu.
2e. vous eûtes eu.
3e. ils eurent eu.

Imparfait.
S. { 1re. j'avois.
2e. tu avois.
3e. il avoit.

P. { 1re. nous avions.
2e. vous aviez.
3e. ils avoient.

Plusque-parfait.
S. { 1re. j'avois eu.
2e. tu avois eu.
3e. il avoit eu.

P. { 1re. nous avions eu.
2e. vous aviez eu.
3e. ils avoient eu.

Futur simple.
S. { 1re. j'aurai.
2e. tu auras.
3e. il aura.

P. { 1re. nous aurons.
2e. vous aurez.
3e. ils auront.

Futur passé.
S. { 1re. j'aurai eu.
2e. tu auras eu.
3e. il aura eu.

P. { 1re. nous aurons eu.
2e. vous aurez eu.
3e. ils auront eu.

Conditionnel passé.
S. { 1re. j'aurois, ou j'eusse eu.
2e. tu aurois, ou tu eusses eu.
3e. il auroit, ou il eut eu.

P. { 1re. nous aurions, ou nous eussions eu.
2e. vous auriez ou vous eussiez eu.
3e. ils auroient, ou ils eussent eu.

IMPÉRATIF.

Présent ou futur.
S. { 1re. . . . .
2e. aies.
3e. qu'il ait.

P. { 1re. ayons.
2e. ayez.
3e. qu'ils aient.

SUBJONCTIF.

Présent.
S. { 1re. que j'aye.
2e. que tu ayes.
3e. qu'il ait.

P. { 1re. que nous ayons.
2e. que vous ayez.
3e. qu'ils aient.

SUBJONCTIF.

Prétérit indéfini.
S. { 1re. que j'aye eu.
2e. que tu ayes eu.
3e. qu'il ait eu.

P. { 1re. que nous ayons eu.
2e. que vous ayez eu.
3e. qu'ils aient eu.

Imparfait.
S. { 1re. que j'eusse.
2e. que tu eusses.
3e. qu'il eût.

P. { 1re. que nous eussions.
2e. que vous eussiez.
3e. qu'ils eussent.

Plusque-parfait.
S. { 1re. que j'eusse eu.
2e. que tu eusses eu.
3e. qu'il eût eu.

P. { 1re. que nous eussions eu.
2e. que vous eussez eu.
3e. qu'ils eussent eu.

INFITIF.

Présent. avoir
Prétérit. avoir eu.

participe actif. { Présent. ayant.
Prétérit. ayant eu.

Passif. Présent. eu, eue.

gérondif. ayant.

TABLEAUX DES CONJUGAISONS.

Division classique des verbes à conjuguer. — verbes :

- simples . . . . qui ne dérivent d'aucun autre. — réguliers . . . 1re. }
- composés . . . . qui dérivent d'un autre verbe. — irréguliers . . . 2e. } conjugaisons.
- — défectueux . . . 3e, 4e. }
- actif.
- neutre.
- passif.
- réfléchi.
- impersonnel.

PREMIÈRE CONJUGAISON.

Verbes réguliers.

terminaisons des temps primitifs :

1°. de l'infinitif . . . . . . en *er* . . . . verbe { simple, estim*er*. / composé, mésestim*er*.
2°. participe actif présent . . . . . . *ant* . . . . estim*ant* et son composé.
3°. participe passif . . . . . . *é* . . . . estim*é*.
4°. du présent . . . . . . *e* muet . . . . j'estim*e*.
5°. du prétérit simple . . . . . . *ai* . . . . j'estimer*ai*.

Indicatif. — Présent.

S. { 1ere. P. j'estime. / 2e. tu estimes. / 3e. il estime.
P. { 1ere. nous estimons. / 2e. vous estimez. / 3e. ils estiment.

Conditionnel présent.

S. { 1ere. P. j'estimerois. / 2e. tu estimerois. / 3e. il estimeroit.
P. { 1ere. nous estimerions. / 2e. vous estimeriez. / 3e. ils estimeroient.

Prétérit simple.

S. { 1ere. j'estimai. / 2e. tu estimas. / 3e. il estima.
P. { 1ere. nous estimâmes. / 2e. vous estimâtes. / 3e. ils estimèrent.

Indicatif. — Prétérit indéfini.

S. { 1ere. P. j'ai estimé. / 2e. tu as estimé. / 3e. il a estimé.
P. { 1ere. nous avons estimé. / 2e. vous avez estimé. / 3e. ils ont estimé.

Prétérit antérieur.

S. { 1ere. j'eus estimé. / 2e. tu eus estimé. / 3e. il eut estimé.
P. { 1ere. nous eûmes estimé. / 2e. vous eûtes estimé. / 3e. ils eurent estimé.

Prétérit antérieur indéfini.

S. { 1ere. j'ai eu estimé. / 2e. tu as eu estimé. / 3e. il a eu estimé.

Indicatif. — Imparfait.

S. { 1ere. P. j'estimois. / 2e. tu estimois. / 3e. il estimoit.
P. { 1ere. nous estimions. / 2e. vous estimiez. / 3e. ils estimoient.

Plusque parfait.

S. { 1ere. j'avois estimé. / 2e. tu avois estimé. / 3e. il avoit estimé.
P. { 1ere. nous avions estimé. / 2e. vous aviez estimé. / 3e. ils avoient estimé.

Futur simple.

S. { 1ere. j'estimerai. / 2e. tu estimeras. / 3e. il estimera.
P. { 1ere. nous estimerons. / 2e. vous estimerez. / 3e. ils estimeront.

Indicatif. — Futur passé.

S. { 1ere. P. j'aurai estimé. / 2e. tu auras estimé. / 3e. il aura estimé.
P. { 1re. nous aurons estimé. / 2e. vous aurez estimé. / 3e. ils auront estimé.

Conditionnel passé.

S. { 1er P. j'aurois *ou* j'eusse estimé. / 2e. tu aurois *ou* tu eusses estimé. / 3e. il auroit *ou* il eut estimé.
P. { 1re. nous aurions *ou* nous eussions estimé. / 2e. vous auriez *ou* vous eussiez estimé. / 3e. ils auroient *ou* ils eussent estimé.

Impératif.

S. { 1ere. P. / 2e. estimes. / 3e. qu'il estime.
P. { 1ere. estimons. / 2e. estimez. / 3e. qu'ils estiment.

TABLEAUX DES CONJUGAISONS.

PREMIÈRE CONJUGAISON.

Colonne 1

Verbe régulier.

Subjonctif.

Présent.

S. { 1re. P. que j'estime.
{ 2e. que tu estimes.
{ 3e. qu'il estime.

P. { 1re. que nous estimions.
{ 2e. que vous estimiez.
{ 3e. qu'ils estiment.

Prétérit.

S. { 1re. que j'aye estimé.
{ 2e. que tu ayes estimé.
{ 3e. qu'il ait estimé.

P. { 1re. que nous ayions estimé.
{ 2e. que vous ayiez estimé.
{ 3e. qu'ils ayent estimé.

Imparfait.

S. { 1re. que j'estimasse.
{ 2e. que tu estimasses.
{ 3e. qu'il estimât.

P. { 1re. que nous estimassions.
{ 2e. que vous estimassiez.
{ 3e. qu'ils estimassent.

Plusqueparfait.

S. { 1re. que j'eusse estimé.
{ 2e. que tu eusses estimé.
{ 3e. qu'il eût estimé.

P. { 1re. que nous eussions estimé.
{ 2e. que vous eussiez estimé.
{ 3e. qu'ils eussent estimé.

Infinitif.

Présent. estimer.
Prétérit. avoir estimé.

participe actif { *Présent.* estimant.
{ *Prétérit.* ayant estimé.

participe passif { *Présent.* estimé, ée.
{ *Passé.* ayant été estimé.

Gérondif. en estimant.

Colonne 2

Verbe irrégulier.

Envoyer, etc.

Indicatif.

Imparfait.

S. { 1re. P. j'envoyois.
{ 2e. tu envoyois.
{ 3e. il envoyoit.

P. { 1re. nous envoyions.
{ 2e. vous envoyiez.
{ 3e. ils envoyoient.

Futur simple.

S. { 1re. j'enverrai.
{ 2e. tu enverras.
{ 3e. il enverra.

P. { 1re. nous enverrons.
{ 2e. vous enverrez.
{ 3e. ils enverront.

Ces deux temps ne sont cités que par leurs irrégularités ; les autres temps comme au verbe régulier.

Nota. Tous les verbes où *er* est précédé d'un *y* grec, prennent un *i* après l'*y* grec aux 1res. et 2mes. personnes du pluriel de l'imparfait de l'indicatif, et du présent du subjonctif.

Colonne 3

Verbe défectueux.

Chapeler (du pain), etc.

Il ne s'employe qu'à l'infinitif. Les autres temps manquent.

Verbes actifs.

aimer, etc.

Il se conjugue comme *estimer*, qui est aussi un verbe actif.

Verbes neutres.

Les uns prennent dans leurs temps composés l'auxiliaire *être* ; d'autres l'auxiliaire *avoir*. Leurs autres temps comme au verbe actif.

tomber, etc.
régner, etc. } se conjuguent dans les temps composés avec *être*. *avoir*.

Prétérit indéfini.

S. { 1re. P. je suis tombé.
{ 2e. tu es tombé.
{ 3e. il est tombé.

P. { 1re. nous sommes tombés,
{ 2e. vous êtes tombés.
{ 3e. ils sont tombés.

Colonne 4

Suite des verbes neutres.

Prétérit antérieur.

S. { 1re. P. je fus tombé.
{ 2e. tu fus tombé.
{ 3e. il fut tombé.

P. { 1re. nous fûmes tombés.
{ 2e. vous fûtes tombés.
{ 3e. ils furent tombés.

Prétérit antérieur indéfini.

S. { 1re. j'ai été tombé.
{ 2e. tu as été tombé.
{ 3e. il a été tombé.

P. { 1re. nous avons été tombés.
{ 2e. vous avez été tombés.
{ 3e. ils ont été tombés.

Plusqueparfait.

S. { 1re. j'étois tombé.
{ 2e. tu étois tombé.
{ 3e. il étoit tombé.

P. { 1re. nous étions tombés.
{ 2e. vous étiez tombés.
{ 3e. ils étoient tombés.

Futur passé.

S. { 1re. je serai tombé.
{ 2e. tu seras tombé.
{ 3e. il sera tombé.

P. { 1re. nous serons tombés.
{ 2e. vous serez tombés.
{ 3e. ils seront tombés.

TABLEAUX DES CONJUGAISONS.

PREMIÈRE CONJUGAISON.

suite des verbes neutres.

Conditionnel passé.

S.
- 1re. pers. je serois.
  - ou
  - je fusse tombé.
- 2e. tu serois
  - ou
  - tu fusses tombé.
- 3e. il seroit
  - ou
  - il fût tombé.

P.
- 1re. nous serions
  - ou
  - nous fussions tombés.
- 2e. vous seriez
  - ou
  - vous fussiez tombés.
- 3e. ils seroient
  - ou
  - ils fussent tombés.

SUBJONCTIF.

Prétérit indéfini.

S.
- 1re. que je sois tombé.
- 2e. que tu sois tombé.
- 3e. qu'il soit tombé.

P.
- 1re. que nous soyons tombés.
- 2e. que vous soyez tombés.
- 3e. qu'ils soyent tombés.

Plusque-parfait.

S.
- 1re. que je fusse tombé.
- 2e. que tu fusses tombé.
- 3e. qu'il fût tombé.

P.
- 1re. que nous fussions tombés.
- 2e. que vous fussiez tombés.
- 3e. qu'ils fussent tombés.

INFINITIF.

Prétérit. être tombé.

Tous les autres temps, les temps simplés, comme au verbe actif. estimer.

suite des verbes neutres.

RÉGNER.

régner, et tous les neutres qui dans leurs temps composés, prennent l'auxiliaire avoir, se conjuguent dans tous leurs temps comme les verbes actifs. Voir le verbe estimer.

Les participes des verbes neutres, qui, dans les temps composés, se conjuguent

être

avec

sont

avoir

indéclinables. déclinables.

Verbes passifs.

Infinitif. être estimé.

C'est le participe passif du verbe actif conjugué avec tous les temps du verbe auxiliaire être.

Verbes réfléchis.

les uns dérivent des verbes actifs, d'autres des verbes neutres.

de l'actif. se flatter.
du neutre. s'écrier.

il se conjugue dans tous leurs temps comme les verbes neutres, en mettant entre le verbe et son nominatif, les pronoms conjonctifs pour

S.
- 1re. me.
- 2e. te.
- 3e. se.

P.
- 1re. nous.
- 2e. vous.
- 3e. se.

Présent

S.
- 1re. je me flatte.
- 2e. tu te flatte.
- 3e. il se flatte.

P.
- 1re. s. nous nous flattons.
- 2e. s. vous vous flattez.
- 3e. s. ils se flattent.

ainsi pour tous les autres temps. Voir le verbe tomber.

D'après la méthode suivie dans la première conjugaison, et que nous allons continuer pour les 3 autres, il sera facile de remarquer que les 5 espèces de verbes

actifs
neutres
passifs
réfléchis
impersonnels

sont ⎰ ou simples ou composés ⎱ lesquels sont ⎰ ou réguliers. ou irréguliers. ou défectueux. ⎱

Verbes impersonnels

GELER.

ils se conjuguent comme les verbes réguliers, excepté qu'ils n'ont dans chaque temps que la troisième personne du singulier, précédée du pronom il.

Présent.

il gele.

Prétérit.

il a gelé.

etc. etc.

ainsi pour tous les autres temps. Voir le verbe estimer.

TABLEAUX DES CONJUGAISONS.

DEUXIÈME CONJUGAISON.

Terminaison des temps primitifs.

1°. de l'infinitif . . . . ir.   verbe { simple. *garnir.* / composé. *dégarnir.*

du participe :

2°. actif présent. { 1re. classe . . . *issant* | garniss*ant* / 2e. . . . . . *ant.* | serv*ant.*

3°. passif. { 1re. classe . . . . . *i.* | garn*i.* / 2e. . . . . . *ert.* | offe *t.* / 3e. . . . . . . *u.* | ten*u.*

                                                participe passif.

4°. du présent. {

		participe passif.
1re. classe . . . . *is.*	je garn s.	garni.
2e. . . . . . . *ars.*	je pars.	parti
3e. . . . . . . *ens.*	je s ns.	sent .
4e. . . . . . . *ers.*	je sers	servi.
5e. . . . . . . *ors.*	je so s.	sorti.
6e. . . . . *e muet.*	j'offre.	offert.
7e. . . . . . . *iens.*	je tiens.	tenu.

5°. du prétérit simple. { 1re. . . . . . . *is.* | je servis. / 2e. . . . . . *ins.* | je tins.

Verbe régulier, 1re. classe.	*Verbe régulier.*	*Verbe régulier.*	*Verbe régulier.*
INDICATIF. Présent. S. { 1re. pers. je sers. / 2e. tu sers. / 3e. il sert. P. { 1re. nous servons. / 2e. vous servez. / he. ils servent.	Prétérit simple. S. { 1re. je servis. / 2e. tu servis. / 3e. il servit. P. { 1re. nous servîmes. / 2e. vous serv tes. / 3e. ils servirent.	Prétérit antérieur. S. { 1re. j'eus servi. / 2e. tu eus servi. / 3e. il eut servi. P. { 1re. nous eûmes servi. / 2e. vous eûtes servi. / 3e. ils eurent servi	Imparfait. S. { 1re. je servois. / 2e. tu servois. / 3e. il servoit. P. { 1re. nous servions. / 2e. vous serviez. / 3e. ils servoient.
Conditionnel présent. S. { 1re. je servirois. / 2e. tu servirois. / 3e. il serviroit. P. { 1re. nous servirions / 2e. vous serviriez. / 3e. ils serviroient.	Prétérit indéfini. S. { 1re. j'ai servi. / 2e. tu as servi. / 3e. il a servi. P. { 1re. nous avons servi. / 2e. vous avez servi. / 3e. ils ont servi.	Prétérit antérieur indéfini S. { 1re. j'ai eu servi. / 2e. tu as eu servi. / 3e. il a eu servi. P. { 1re. nous avons eu servi / 2e. vous avez eu servi. / 3e. ils ont eu servi.	Plusqueparfait. S. { 1re. j'avois servi. / 2e. tu avois servi. / 3e. il avoit servi. P. { 1re. nous avions servi. / 2e. vous aviez servi. / 3e. ils avoient servi.

TABLEAUX DES CONJUGAISONS.

DEUXIÈME CONJUGAISON.

Verbe régulier.

Futur simple.

S. { 1re. P. je servirai.
{ 2e. tu serviras.
{ 3e. il servira.

P. { 1re. nous servirons.
{ 2e. vous servirez.
{ 3e. ils serviront.

Futur passé.

S. { 1re. j'aurai servi.
{ 2e. tu auras servi.
{ 3e. il aura servi.

P. { 1re. nous aurons servi.
{ 2e. vous aurez servi.
{ 3e. ils auront servi.

Conditionnel passé.

S. { 1re. P. j'aurois,
{ ou
{ j'eusse servi.
{ 2e. tu aurois,
{ ou
{ tu eusses servi.
{ 3e. il auroit,
{ ou
{ il eut servi.

P. { 1re. nous aurions,
{ ou
{ nous eussions servi.
{ 2e. vous auriez,
{ ou
{ vous eussiez servi.
{ 3e. ils auroient,
{ ou
{ ils eussent servi.

Impératif.

S. 1re. P.
2e. sers.
3e. qu'il serve.

P. 1re. servons.
2e. servez.
3e. qu'ils servent.

Verbes réguliers.

Subjonctif.

Présent.

S. { 1re. P. que je serve.
{ 2e. que tu serves.
{ 3e. qu'il serve.

P. { 1re. que nous servions.
{ 2e. que vous serviez.
{ 3e. qu'ils servent.

Prétérit indéfini.

S. { 1re. que j'aye servi.
{ 2e. que tu ayes servi.
{ 3e. qu'il ait servi.

P. { 1re. que nous ayions servi.
{ 2e. que vous ayiez servi.
{ 3e. qu'ils ayent servi.

Imparfait.

S. { 1re. que je servisse.
{ 2e. que tu servisses.
{ 3e. qu'il servît.

P. { 1re. que nous servissions.
{ 2e. que vous servissiez.
{ 3e. qu'ils servissent.

Plusqueparfait.

S. { 1re. que j'eusse servi.
{ 2e. que tu eusses servi.
{ 3e. qu'il eût servi.

P. { 1re. que nous eussions servi.
{ 2e. que vous eussiez servi.
{ 3e. qu'ils eussent servi.

Infinitif.

présent. servir.
prétérit. avoir servi.
{ *actif présent.* servant.
{ *actif prétérit.* ayant servi.
{ *passif présent.* servi.
{ *passif prétérit.* ayant été servi.
gérondif. en servant.

(participe.)

Verbes irréguliers.

première classe

acquérir, etc.

Indicatif présent.

S. { 1re. P. j'acquiers.
{ 2e. tu acquiers.
{ 3e. il acquiert.

P. { 1re. nous acquérons.
{ 2e. vous acquérez.
{ 3e. ils acquièrent.

Futur simple.

S { 1re. j'acquerrai.
{ 2e. tu acquerras.
{ 3e. il acquerra.

P. { 1re. nous acquerrons.
{ 2e. vous acquerrez.
{ 3e. ils acquerront.

Conditionnel présent.

comme le futur simple.

{ *présent.* acquérant.
{ *passif.* acquis.

(participe.)

Le surplus mêmes règles de formation qu'au verbe régulier.

Verbes défectueux.

ouïr, etc., 1re. classe.

il n'est d'usage que { au prétérit, j'ouïs, etc.
à l'imp. du subj. que j'ouïsse
aux temps comp. j'ai ouï, etc.
au prés. de l'infinitif, our.

Les autres temps manquent.

Verbes actifs.

offrir, etc. 2e. classe.

Il est, comme le verbe actif régulier *servir*, assejetti aux règles de formation indiquées à la terminaison des temps primitifs ; il doit suivre celles de la sixième classe ou de la deuxième classe, pour les temps formés du participe passif.

Verbes neutres.

agir, etc., 1.re classe } se conjuguent dans les temps composés avec *avoir*.
partir, etc. 2.e classe } avec *être.*

Le surplus à la 1.re conjugaison.

Verbes réfléchis,

De l'actif. se revêtir, *irr*, etc.

irr, 2.e classe.

s'enfuir, etc.
irr, 2.e classe.

origine. Le surplus, quant aux règles, voir la première conjugaison.

TABLEAUX DES CONJUGAISONS.

2e. CONJUGAISON.

Verbes Passifs.

être servi, etc.

Voir le surplus à la première conjugaison, chap. verbes passifs.

TROISIÈME CONJUGAISON.

Terminaison des temps primitifs. — *du participe.*

			verbes
1°. de l'infinitif		oir.	simple, *d.voir.*
			composé, *redevoir.*
2°. actif présent		ant.	*devant.*
3°. passif.	1re. classe	du.	*dû.*
	2e.	çu.	*reçu, recevoir.*
4°. du présent		ois.	*je dois, je reçois.*
5°. du prétérit simple		us.	*je dus, je reçus.*

Verbes impersonnéls.

Agir, etc., 1re. classe.

Présent,
il s'agit.

Prétérit,
il s'est agi.

Voir le surplus à la première conjugaison, chap. verbes impersonnels.

La classification des verbes ci-dessus ; est d'après celle de leur participe passif. Nous la continuerons pour les 2 autres conjugaisons.

Dans les verbes dont le présent est de la septième classe, on double l'n à la troisième personne du pluriel du présent.

Accent circonflexe à la troisième personne et l'imparfait du subjonctif, pour le distinguer du prétérit simple.

VERBE RÉGULIER. DEUXIÈME CLASSE.

Indicatif. présent.

S. 1re. P. je reçois. / 2e. tu reçois. / 3e. il reçoit.
P. 1re. nous recevons. / 2e. vous recevez. / 3e. ils reçoivent.

Conditionnel présent.

S. 1re. je recevrois. / 2e. tu recevrois. / 3e. il recevroit.
P. 1re. nous recevrions. / 2e. vous recevriez. / 3e. ils recevroient.

Prétérit simple.

S. 1re. je reçus. / 2e. tu reçus. / 3e. il reçut.
P. 1re. nous reçûmes. / 2e. vous reçûtes. / 3e. ils reçurent.

Prétérit indéfini.

S. 1re. j'ai reçu. / 2e. tu as reçu. / 3e. il a reçu.
P. 1re. nous avons reçu. / 2e. vous avez reçu. / 3e. ils ont reçu.

Indicatif. prétérit antérieur.

S. 1re. P. j'eus reçu. / 2e. tu eus reçu. / 3e. il eut reçu.
P. 1re. nous eûmes reçu. / 2e. vous eûtes reçu. / 3e. ils eurent reçu.

Prétérit antérieur indéfini.

S. 1re. j'ai eu reçu. / 2e. tu as eu reçu. / 3e. il a eu reçu.
P. 1re. nous avons eu reçu. / 2e. vous avez eu reçu. / 3e. ils ont eu reçu.

Imparfait.

S. 1re. je recevois. / 2e. tu recevois. / 3e. il recevoit.
P. 1re. nous recevions. / 2e. vous receviez. / 3e. ils recevoient.

Plusque parfait.

S. 1re. j'avois reçu. / 2e. tu avois reçu. / 3e. il avoit reçu.
P. 1re. nous avions reçu. / 2e. vous aviez reçu. / 3e. ils avoient reçu.

Indicatif. futur simple.

S. 1re. P. je recevrai. / 2e. tu recevras. / 3e. il recevra.
P. 1re. nous recevrons. / 2e. vous recevrez. / 3e. ils recevront.

Futur passé.

S. 1re. j'aurai reçu. / 2e. tu auras reçu. / 3e. il aura reçu.
P. 1re. nous aurons reçu. / 2e. vous aurez reçu. / 3e. ils auront reçu.

Conditionnel passé.

S. 1re. j'aurois, ou j'eusse reçu. / 2e. tu aurois, ou tu eusses reçu. / 3e. il auroit, ou il eut reçu.
P. 1re. nous aurions, ou nous eussions reçu. / 2e. vous auriez, ou vous eussiez reçu. / 3e. ils auroient ; ou ils eussent reçu.

Impératif.

S. 1re. P. / 2e. reçois. / 3e. qu'il reçoive.
P. 1re. recevons. / 2e. recevez. / 3e. qu'ils reçoivent.

TABLEAUX DES CONJUGAISONS.

TROISIÈME CONJUGAISON.

Verbe régulier.

SUBJONCTIF.

Présent.

S. { 1re. pers. que je reçoive.
{ 2e. que tu reçoives.
{ 3o. qu'il reçoive.

P. { 1re. que nous recevions.
{ 2e. que vous receviez.
{ 3e. qu'ils reçoivent.

Prétérit indéfini.

S. { 1re. que j'aye reçu.
{ 2e. que tu ayes reçu.
{ 3e. qu'il ait reçu.

P. { 1re. que nous ayions reçu.
{ 2e. que vous ayiez reçu.
{ 3e. qu'ils ayent reçu.

Imparfait.

S. { 1re. que je reçusse.
{ 2e. que tu reçusses.
{ 3e. qu'il reçût.

P. { 1re. que nous reçussions.
{ 2e. que vous reçussiez.
{ 3e. qu'ils reçussent.

Plusque-parfait.

S. { 1re. que j'eusse reçu.
{ 2e. que tu eusses reçu.
{ 3e. qu'il eût reçu.

P. { 1re. que nous eussions reçu.
{ 2e. que vous eussiez reçu.
{ 3e. qu'ils eussent reçu.

présent circonflexe à la troisième personne de l'imparfait du subjonctif, pour le distinguer du prétérit simple.

2e. classe.

INFINITIF.

Participé — actif { Présent. recevoir.
{ Prétérit. avoir reçu.
{ présent. recevant.
{ prétérit. ayant reçu.
passif { présent. reçu.
{ prétérit. ayant été reçu.

Gérondif. en recevant.

Verbes irréguliers.

MOUVOIR, etc.

Indicatif.

Présent.

S. { 1re. je meus.
{ 2e. tu meus.
{ 3a. il meut.
P. { 1re. nous mouvons.
{ 2e. vous mouvez.
{ 3e. ils meuvent.

Conditionnel présent.

{ 1re. je mouvrois.
{ 2e. . . . etc.

Prétérit simple.

Prét. je mus, etc.
Indéf. 1re. j'ai mu. etc.

de même pour tous les temps composés.

Subjonctif.

Présent.

S. { 1re. que je meuve.
{ 2e. que tu meuves.
{ 3e. qu'il meuve.
P. { 1re. que nous mouvions.
{ 2e. que vous mouviez.
{ 3e. qu'ils meuvent.

le surplus mêmes règles de formation qu'au verbe régulier.

Verbes défectueux.

CHOIR. etc.

Participe passif.

chu.

les autres temps manquent.

Verbes actifs.

appercevoir. etc.

2e. classe.

Il est, comme le verbe actif régulier, recevoir, assujetti aux règles de formation indiquées à la terminaison des tems primitifs; il doit suivre celles de la seconde classe, pour tous ses tems composés.

Verbes neutres.

pouvoir. etc. irr. . . . avoir.

déchoir. etc. irr . . . être.

se conjuguent avec

le surplus à la première conjugaison, chap. des verbes neutres.

Verbes passifs.

être reçu. etc.

voir la première conjugaison, Chapitre des verbes passifs.

Verbes réfléchis.

origine { de l'actif. s'asseoir.
{ du neutre. se prévaloir.

Indicatif.

Présent.

S. { 1re. je m'assieds.
{ 2e. tu t'assieds.
{ 3e. il s'assied.
P. { 1re. nous nous asseyons.
{ 2e. vous vous asseyez.
{ 3e. ils s'asseyent.
S. { 1re. je me prévaux.
{ 2e. tu te prévaux.
{ 3e. il se prévaut.
P. { 1re. nous nous prévalons.
{ 2e. vous vous prévalez.
{ 3e. ils se prévalent.

etc. etc.

Voir la première conjugaison, chapitre des Verbes réfléchis.

Verbes impersonnels.

pleuvoir. etc.

Présent.

il pleut.

Prétérit simple.

il plut.

Indéfini.

il a plu.

etc. etc.

Voir la première conjugaison, chapitre des verbes impersonnels.

TABLEAUX DES CONJUGAISONS.

4e. ET DERNIÈRE CONJUGIASON.

Terminaison des temps primitifs.

4°. de l'infinitif . . . . r — verbe simple. vend*re.* / composé. re*vendre.*

2°. actif présent . . . . ant | vend*ant.*

Du participe 3°. passif.

1re. classe. . . aint	craint.		crain*dre.*
2e. . . . . ait.	satis*fait.*		satisfai*re.*
3e. . . . . . eint.	att*eint.*		atteind*re.*
4e. . . . . i.	ri.		ri *e.*
5e. . . . . is.	pri .		prend*re.*
6e. . . . . it.	d*it.*		di*re.*
7e. . . . oint.	joint.		joind*re.*
8e. . . . . u.	attend*u.*		attend*re.*

4°. du présent . . . 1re. classe. . . s. je joins. / 2e. . . . . ds. je prend*s.*

5°. du prétérit simple. 1re. classe. . aignis. je cr*aignis.* / 2e. . . . is. je satis*fis.* / 3e. . . . quis. je vain*quis.* / 4e. . . . us. je connu*s.*

VERBE RÉGULIER.

4e. CLASSE.

INDICATIF.

Présent.

S. 1re. pers. je crains. / 2e. tu crains. / 3e. il craint.
P. 1re. nous craignons. / 2e. vous craignez. / 3e. ils craignent.

Prétérit simple.

S. 1re. je craignis. / 2e. tu craignis. / 3e. il craignit.
P. 1re. nous craignîmes. / 2e. vous craignîtes. / 3e. ils craignirent.

Prétérit antérieur.

S. 1re. j'eus craint. / 2e. tu eus craint. / 3e. il eut craint.
P. 1re. nous eûmes craint. / 2e. vous eûtes craint. / 3e. ils eurent craint.

Imparfait.

S. 1re. je craignois / 2e. tu craignois. / 3e. il craignoit.
P. 1re. nous craignions. / 2e. vous craigniez. / 3e. ils craignoient.

Conditionnel présent.

S. 1re. je craindrois. / 2e. tu craindrois. / 3e. il craindroit.
P. 1re. nous craindrions. / 2e. vous craindriez. / 3e. ils craindroient.

Prétérit indéfini.

S. 1re. j'ai craint. / 2e. tu as craint. / 3e. il a craint.
P. 1re. nous avons craint. / 2e. vous avez craint. / 3e. ils ont craint.

Prétérit antérieur indéfini.

S. 1re. j'ai eu craint. / 2e. tu as eu craint. / 3e. il a eu craint.
P. 1re. nous avons eu craint. / 2e. vous avez eu craint. / 3e. ils ont eu craint.

Plusqueparfait.

S. 1re. j'avois craint. / 2e. tu avois craint. / 3e. il avoit craint.
P. 1re. nous avions craint. / 2e. vous aviez craint. / 3e. ils avoient craint.

TABLEAUX DES CONJUGAISONS.

QUATRIÈME ET DERNIÈRE CONJUGAISON.

Verbe régulier, deuxième classe.

Indicatif.

Futur simple.

S. { 1re. P. je craindrai. / 2e. tu craindras. / 3e. il craindra.

P. { 1re. nous craindrons. / 2e. vous craindrez. / 3e. ils craindront.

Futur passé.

S. { 1re. j'aurai craint. / 2e. tu auras craint. / 3e. il aura craint.

P. { 1re. nous aurons craint. / 2e. vous aurez craint. / 3e. ils auront craint.

Conditionnel passé.

S. { 1re. j'aurois, ou j'eusse craint. / 2e. tu aurois, ou tu eusses craint. / 3e. il auroit, ou il eut craint.

P. { 1re. nous aurions, ou nous eussions craint / 2e. vous auriez, ou vous eussiez craint. / 3e. ils auroient, ou ils eussent craint.

Impératif.

S. { 1re. / 2e. crains. / 3e. qu'il craigne.

P. { 1re. craignons. / 2e. craignez. / 3e. qu'ils craignent.

Subjonctif.

Présent.

S. { 1re. P. que je craigne. / 2e. que tu craignes. / 3e. qu'il craigne.

P. { 1re. que nous craignions, / 2e. que vous craigniez. / 3e. qu'il craignent.

Prétérit indéfini.

S. { 1re. que j'aye craint. / 2e. que tu ayes craint. / 3e. qu'il ait craint.

P. { 1re. que nous ayions craint. / 2e. que vous ayez craint. / 3e. qu'ils aient craint.

Imparfait.

S. { 1re. que je craignisse. / 2e. que tu craignisses. / 3e. qu'il craignît.

P. { 1re. que nous craignissions. / 2e. que vous craignissiez. / 3e. qu'ils craignissent.

Plusque parfait.

S. { 1re. que j'eusse craint. / 2e. que tu eusses craint. / 3e. qu'il eût craint.

P. { 1re. que nous eussions craint. / 2e. que vous eussiez craint. / 3e. qu'ils eussent craint.

Accent circonflexe à la troisième personne du singulier de l'imparfait du subjonctif pour les distinguer du prétérit simple.

Dans les verbes dont le participe passif est de la 5e. classe on double l'x à la 3e. personne du pluriel du présent.

Dans les verbes dont l'infinitif se termine en *res, dre, pre*, le singulier du présent de l'indicatif conserve ces consonnes c, d, p, excepté *absoudre*, etc., *craindre*, etc., *je vaincs, je réponds, je romps*.

Infinitif.

présent, craindre.

prétérit, avoir craint.

participe *actif* { *prés.* craignant. / *prét.* ayant craint.

passif { *prés.* craint. / *prét.* ayant été craint.

gérondif, en craignant.

Verbes irréguliers.

coudre, etc. 8e. classe.

Indicatif présent.

S. { 1re. P. je couds. / 2e. tu couds. / 3e. il coud.

P. { 1re. nous cousons. / 2e. vous cousez. / 3e. ils cousent.

Prétérit simple.

1re. P. je cousis. etc., etc.

participe *actif présent.* cousant. *passif.* cousu.

Suivre, d'après l'indication des temps primitifs, pour les autres temps, les règles ordinaires de formation.

Verbe défectueux.

frire, etc. 6e. classe.

Indicatif présent.

S. { 1re. P. je fris. / 2e. tu fris. / 3e. il frit, sans pluriel.

Futur simple.

{ je frirai. / etc., etc.

Participe passif.

frit.

le reste manque.

Verbes actifs.

entendre, etc. 8e. classe.

Il est, comme le verbe actif régulier *craindre*, assujetti aux règles de formation indiquées à la terminaison des temps primitifs; son présent est de la deuxième classe son participe passif de la 8e.

Verbes neutres.

plaire, etc. 8e. classe. / naître, irr. } se conjuguent dans les temps composés avec { avoir. / être.

j'ai plu. je suis né.

Le reste à la première conjugaison.

TABLEAUX DES CONJUGAISONS.

QUATRIÈME ET DERNIÈRE CONJUGAISON.

Verbes passifs.	Verbes réfléchis.	Vebes impersonnels.
être entendu, etc.	origine : de l'actif, *se plaindre*, 2e. clas. ; du neutre, *se nuire*.	suffire, etc.
	Prétérit indéfini, sans participe passif.	**Présent.** il suffit.
	je me suis plaint. je me suis nui. etc. , etc.	**Prétérit indéfini.** il a suffi, etc. , etc.
Voir la première conjugaison, chap. verbes passifs.	Voir la première conjugaison, chap. verbes réfléchis.	Voir la première conjugaison, chap. verbes impersonnels.

LISTE ALPHABÉTIQUE DES VERBES
IRRÉGULIERS, AVEC LEURS TEMPS PRIMITIFS.

Conjugaisons.	Nos. d'ordre par conjugaison.	Infinitif.	Participe. actif présent.	Participe. passif.	Présent.	Prétérit simple.	Temps dérivés. irréguliers
1re.	1.	aller.	allant.	allé.	S. je vais. P. nous allons / tu vais. vous allez. / ou / tu vas. / il va. ils vont.	j'allai.	futur simple. j'irai.
	2.	envoyer.	envoyant.	envoyé.	j'envoye.	j'envoyai. je puai.	f. s. j'enverrai.
	3.	puer.	puant.	pué.	S. je pus. P. nous puons. / tu pus. vous puez. / il put. ils puent.		
2e.	1.	acquérir. et ses composés,	acquérant.	acquis.	j'acquiers. nous acquérons. etc.	j'acquis.	f. s. j'acquerrai
	2.	assaillir. et tressallir.	assaillant	assailli.	j'assaille.	j'assaillis.	
	3.	bénir.	bénissant.	béni. bénit.	je bénis.	je bénis.	
	4.	bouillir.	bouillant.	bouilli.	je bous. nous bouillons. etc.	je bouillis.	
	5.	courir ou courre et ses comp.	courant.	couru.	je cours. nous courons. etc.	je courus.	f. s. je courrai.
	6.	cueillir. et ses comp.	cueillant.	cueilli.	je cueille.	je cueillis.	je cueillerai.
	7.	faillir.	faillant	failli.	je faux. nous faillons. etc.	je faillis.	f. s. { je faudrai. etc. nous faillirons, etc. }
	8.	fleurir.	fleurissant. florissant, (au figuré.)	fleuri.	je fleuris.	je fleuris.	impératif.
	9.	fuir. et ses comp.	fuyant.	fui.	je fuis. nous fuyons. etc.	je fuis.	fuis. fuyons. etc. etc.
	10.	haïr.	haïssant.	haï.	je hais, etc. prononcez je hès. nous haïssons, etc. trisyllabe.	(il manque.)	
	11.	mourir.	mourant.	mort.	je meurs ; nous mourons. etc. vous mourez. ils meurent.	il mourut.	f. s. je mourrai.
	12.	saillir: pour jaillir. pour avancer.	saillissant. saillant.	sailli.	il saillit, etc. il saille, etc.	il saillit. etc.	
	13.	vêtir. revêtir. et ses (etc.) comp.	revêtant.	revêtu.	je revêts.	je revêtis.	

LISTE ALPHABÉTIQUE DES VERBES IRRÉGULIERS
AVEC LEURS TEMPS PRIMITIFS.

Conjugaisons.	N° d'ordre. conjugaison par	Infinitif.	participe		Présent.		Prétérit simple.	Temps dérivés irréguliers.
			actif présent.	passif.				
3e.	1.	asseoir.	asséyant.	assis.	j'assieds. etc.	nous asseyons. etc.	j'assis	f. s. j'asseyerai.
	2.	avoir	ayant.	eu.	j'ai. tu as. il a.	nous avons. vous avez. ils ont.	j'eus.	f. s. j'aurai.
	3.	échoir. ou écheoir, composés. déchoir.	déchéant.	déchu.	je déchois, etc.	nous déchoyons. etc.	je déchus.	je décherrai.
	4.	falloir.	il manque.	fallu.	il faut. exclus.		il fallut. exc.	f. s. il faudra. subj. p. qu'il faille. } exc.
	5.	mouvoir. et ses composés.	mouvant.	mu.	je meus. etc.	nous mouvons. vous mouvez. ils meuvent.	je mus.	
	6.	pleuvoir.	pleuvant.	plu.	il pleut, impers.		il plut.	s. p. qu'il pleuve.
	7.	pourvoir.	pourvoyant.	pourvu.	je pourvois		je pourvus.	
	8.	pouvoir.	pouyant.	pu.	je puis, je peux, etc.	nous pouvons. vous pouvez. ils peuvent.	je pus.	f. s. je pourrai. S. P. que je puisse.
	9.	savoir.	sachant.	su.	je sais, etc.	nous savons ; etc.	je sus.	F. S. je saurai. Imp. sache. S. p. que je sache.
	10.	seoir. inusité.	il manque.	il manque.	il sied.	ils siéent.	il manque	Cond. p. il siéroit. F. S. il siera. Impa. il seyoit.
	11.	surseoir.	sursoyant.	sursis.	je surseois. etc.	nous sursoyons. etc.	je sursis.	
	12.	valoir, et ses comp. prévaloir.	valant.	valu.	je vaux, etc.	nous valons. etc.	je valus.	F. s. je vaudrai. Sub p. que je vaille. que je prévale.
	13.	voir. et ses comp. prévoir.	voyant.	vu.	je vois.		je vis.	F. s. je verrai. je prévoirai.
	14.	vouloir.	voulant.	voulu.	je veux, etc.	nous voulons. vous voulez. ils veulent.	je voulus.	F. s. je voudrai. S. p. que je veuille.

Liste alphabétique des Verbes irréguliers, avec leurs temps primitifs.

Conjugaisons.	Nos. d'ordre par conjugaison.	Infinitif.	Participe. Actif présent.	Participe. Passif	Présent.		Prétérit simp.	Temps dérivés irréguliers.
4.me	1.	absoudre. et son composé. dissoudre.	absolvant.	absous.	j'absous etc.	nous absolvons. vous absolvez ils absolvent.	il manque.	
	2.	boire.	buvant.	bu.	je bois. etc.	nous buvons. vous buvez. ils boivent.	je bus.	
	3.	clorre. et ses comp.	il manque	clos.	je clos. etc.	sans pluriel.	il manque.	
	4.	coudre.	cousant.	cousu.	je couds. etc.	nous cousons. etc.	je cousis.	
	5.	dire. et ses comp.	disant.	dit.	je dis. etc.	nous disons. vous dites. ils disent.	je dis.	
	6.	faire. et ses comp.	faisant.	fait	je fais. etc.	nous faisons. vous faites. ils font.	je fis.	F. s. je ferai. S. p. que je fasse.
	7.	moudre. et ses comp.	moulant.	moulu.	je mouds. etc.	nous moulons. etc.	je moulus.	
	8.	naître.	naissant.	né.	je nais.		je naquis.	
	9.	prendre. et ses comp.	prenant.	pris.	je prends. etc.	nous prenons. vous prenez. ils prennent.	je pris.	
	10.	rire et sourire.	riant.	ri.	je ris. etc.	nous rions. vous riez. ils rient.	je ris.	S. p. que je rie, etc. que nous riions, que vous riiez. qu'ils rient.
	11.	résoudre { décider. réduire.	{ résolvant.	résolu. résous.	} je résous. etc.	nous résolvons. etc.	je résolus.	
	12.	tordre.	tordant.	tordu.	je tords.		je tordis.	
	13.	traire. soustraire. et leurs comp.	soustrayant.	soustrait.	je soustrais. etc.	nous soustrayons. etc.	il manque.	
	14.	vaincre. convaincre. et leurs comp.	convainquant.	convaincu.	je convaincs. etc.	nous convainquons.	je convainquis.	
	15.	vivre. et ses comp.	vivant.	vécu.	je vis. etc.	nous vivons. etc.	je vécus.	

Liste alphabétique des verbes dont le participe actif présent devient adjectif verbal, et reçoit les deux genres.

Conjugaisons.	Nos. d'ordre par conjugaison.	Infinitif.	Terminaison des participes.	Conjugaison.	Nos. d'ordre par conjugaison.	Infinitif.	Terminaison des participes.	Conjugaisons.	Nos. d'ordre par conjugaison.	Infinitif.	Terminaison des participes.
1re.	1.	abonder.	ant, ante.	1re.	39.	chanter.	ant, ante.	1re.	77.	diffamer.	ant, ante.
	2.	aboyer.			40.	charger.			78.	discorder.	
	3.	absorber.			41.	charmer.			79.	dominer.	
	4.	accabler.			42.	choquer.			80.	éclater.	
	5.	accepter.			43.	colorer.			81.	édifier.	
	6.	accomoder.			44.	commander.			82.	effrayer.	
	7.	acoquiner.			45.	commencer.			83.	embarasser.	
	8.	accorder.			46.	commercer.			84.	empiéter.	
	9.	adresser.			47.	communiquer.			85.	endurer.	
	10.	affliger.			48.	compéter.			86.	ennuyer.	
	11.	agacer.			49.	confier.			87.	épargner.	
	12.	aggraver.			50.	considérer.			88.	errer.	
	13.	agiter.			51.	consister.			89.	étinceler.	
	14.	agoniser.			52.	consoler.			90.	étonner.	
	15.	altérer.			53.	constituer.			91.	étouffer.	
	16.	amuser.			54.	consumer.			92.	excéder.	
	17.	appeler.			55.	contester.			93.	exiger.	
	18.	approcher.			56.	contracter.			94.	exister.	
	19.	arroger.			57.	contrarier.			95.	expectorer.	
	20.	aspirer.			58.	couler.			96.	expirer.	
	21.	assiéger.			59.	crier.			97.	exposer.	
	22.	assister.			60.	croquer.			98.	fatiguer.	
	23.	attacher.			61.	crouler.			99.	fermer.	
	24.	attirer.			62.	débiter.			100.	ficher.	
	25.	attrister.			63.	délinquer.			101.	figurer.	
	26.	avaler.			64.	découler.			102.	flamber.	
	27.	bêler.			65.	déférer.			103.	flamboyer.	
	28.	bouffer.			66.	défier.			104.	flanquer.	
	29.	branler.			67.	dégouter.			105.	flotter.	
	30.	briller.			68.	délibérer.			106.	fortifier.	
	31.	bruler.			69.	demeurer.			107.	foudroyer.	
	32.	calmer.			70.	déposer.			108.	fouler.	
	33.	caresser.			71.	déroger.			109.	frapper.	
	34.	casser.			72.	déterminer.			110.	fretiller.	
	35.	céder.			73.	désobliger.			111.	fringuer.	
	36.	chagriner.			74.	désoler.			112.	fulminer.	
	37.	chanceler.			75.	déssecher.			113.	fumer.	
	38.	changer.			76.	dévorer.			114.	gagner.	

Liste alphabétique des verbes dont le participe actif présent devient adjectif verbal, et reçoit les deux genres.

Conjugaisons.	N°s d'ordre par conjugaison.	Infinitif.	Terminaison des participes.
1re.	115.	glisser.	ant, ante.
	116.	gueuser.	
	117.	habiter.	
	118.	hâleter.	
	119.	humilier.	
	120.	ignorer.	
	121.	implorer.	
	122.	imposer.	
	123.	insinuer.	
	124.	insulter.	
	125.	intéresser.	
	126.	intriguer.	
	127.	irriter.	
	128.	justifier.	
	129.	larmoyer.	
	130.	manger.	
	131.	méfier.	
	132.	ménacer.	
	133.	mendier.	
	134.	mépriser.	
	135.	mutiler.	
	136.	monter.	
	137.	mortifier.	
	138.	mouver.	
	139.	nécessiter.	
	140.	obliger.	
	141.	occuper.	
	142.	offenser.	
	143.	officier.	
	144.	ondoyer.	
	145.	opposer.	
	146.	outrager.	
	147.	palpiter.	
	148.	parler.	
	149.	participer.	
	150.	passer.	
	151.	payer.	
	152.	pencher.	
	153.	pénétrer.	
	154.	penser.	
	155.	percer.	
	156.	perforer.	

Conjugaisons.	N°s d'ordre par conjugaison.	Infinitif.	Terminaison des participes.
1re.	157.	persécuter.	ant, ante.
	158.	persévérer.	
	159.	persuader.	
	160.	péser.	
	161.	pétiller.	
	162.	piquer.	
	163.	pleurer.	
	164.	plier.	
	165.	poster.	
	166.	postuler.	
	167.	prédominer.	
	168.	préexister.	
	169.	presser.	
	170.	protester.	
	171.	puer.	
	172.	ramper.	
	173.	regarder.	
	174.	remuer.	
	175.	répugner.	
	176.	ressembler.	
	177.	rester.	
	178.	résulter.	
	179.	ruisseler.	
	180.	ruminer.	
	181.	saigner.	
	182.	sanctifier.	
	183.	sifler.	
	184.	souffler.	
	185.	signifier.	
	186.	soûler.	
	187.	soupirer.	
	188.	stimuler.	
	189.	stupéfier.	
	190.	suer.	
	191.	supplier.	
	192.	surabonder.	
	193.	surveiller.	
	194.	tempérer.	
	195.	tenter.	
	196.	tirer.	
	197.	tolérer	
	198.	toucher.	

Conjugaisons.	N°s d'ordre par conjugaison.	Infinitif.	Terminaison des participes.
1re.	199.	tourmenter.	ant, ante.
	200.	tourner.	
	201.	trafiquer.	
	202.	trancher.	
	203.	trembler.	
	204.	triompher.	
	205.	tuer.	
	206.	vaciller.	
	207.	varier.	
	208.	végéter.	
	209.	veiller.	
	210.	verdoyer.	
	211.	verser.	
	212.	voler.	
2e.	1.	aboutir.	issant, issante.
	2.	adoucir.	
	3.	affoiblir.	
	4.	appartenir.	ant, ante.
	5.	assaillir.	
	6.	assortir.	issant, issante.
	7.	assoupir.	
	8.	assujettir.	
	9.	attendrir.	
	10.	blondir.	
	11.	bondir.	
	12.	bouillir.	ant, ante.
	13.	compatir.	issant, issante
	14.	conquérir.	ant, ante.
	15.	consentir	
	16.	courir.	
	17.	croupir.	issant, issante
	18.	défaillir.	ant, ante.
	19.	divertir.	issant, issante.
	20.	dormir	ant, ante.
	21.	éblouir.	issant, issante.
	22.	enquérir.	ant, ante.
	23.	étourdir.	issant, issante.
	24.	fleurir.	
	25.	fuir.	yant, yante.
	26.	gémir.	issant, issante.

Liste alphabétique des verbes dont le participe actif présent devient adjectif verbal et reçoit les deux genres.

Conjugaisons.	N°s d'ordre par conjugaison.	Infinitif.	Terminaison des participes.	Conjugaisons.	N°s d'ordre par conjugaison.	Infinitif.	Terminaison des participes.	Conjugaisons.	N°s d'ordre par conjugaison.	Infinitif.	Terminaison des participes.
2e.	27.	glapir.	issant, issante.	3e.	1.	messeoir.	messéant, ante.	4e.	17.	mordre.	ant, ante.
	28.	jaillir.			2.	prévoir.	prévoyant, ante.		18.	méconnoître.	
	29.	jouir.			3.	voir.	voyant, ante.		19.	connoître.	ssant, ante.
	30.	languir.							20.	reconnoître.	
	31.	mourir.	ant, ante.	4e.	1.	attraire.	attrayant, ante.		21	naître.	
	32.	mugir.	issant, issante.		2.	commettre.	ant, ante.		22.	renaître.	
	33.	obéir.			3.	conclure.	ant, ante.		23.	pendre.	ant, ante.
	34.	ouvrir.	ant, ante.		4.	condescendre.	ant, ante.		24.	poursuivre.	
	35.	pâtir.	issant, issante.		5.	contredire.	ant.		25.	prendre.	
	36.	réjouir.	issant, issante.		6.	convaincre.			26.	entreprendre.	
	37.	repentir.	ant, ante.		7.	correspondre.			27.	suspendre.	
	38.	requérir.			8.	cuire.	sant, sane.		28.	prétendre.	
	39.	ressortir.	issant, issante.		9.	dépendre.	ant, ante.		29.	rire.	
	40.	retentir.	issant, issante.		10.	déplaire.	sant, sante.		30.	satisfaire.	sant, ante.
	41.	saillir (avancer).	ant, ante.		11	descendre.	ant, ante.		31.	séduire.	
	42.	saillir (jaillir).	issant, issante.		12	fendre.			32.	suffire.	
	43.	saisir.			13	joindre.	gnant, nante.		33.	suivre.	
	44.	salir.			14	luire.	sant, sante.		34.	survivre.	ant, ante.
	45.	souffrir.	ant, ante.		15.	malfaire.			35.	tendre.	
	46.	venir. et ses composés.			16.	médire.			36.	vivre.	

ANALYSE			DÉFINITION.	EXEMPLES.
DIVISION.	SUBDIVISION.			
	étymologie.		ainsi appelé parce qu'il participe de la nature du nom adjectif et du verbe.	aimant Dieu. aimé de Dieu.
	espèces principales.	actif.	ainsi appelé, parce qu'il exprime une action au dehors.	la France admire Bonaparte.
		passif.	ainsi appelé, parce qu'il exprime l'action de passer d'un état à l'autre.	Bonaparte admiré de la France.
	rapport du participe.	1º. avec l'adjectif.	comme lui, il est joint à un substantif exprimé ou sous-entendu.	
		2º. avec le verbe.	1º. comme le verbe, il exprime l'attribut. 2º. comme lui, il régit même cas. 3º. comme lui, il désigne un temps { ou présent. ou passé.	mêmes exemples.
Participe actif.	sortes d'actifs.	1º. présent.	sujet produisant une action sur un { présent.	des hommes vertueux, et aimant la justice.
		2º. passé.	autre sujet, avec désignation de tems { passé.	cet homme ayant avoué son crime, se sauva.
	Caractère distinctif.	1º.	ils se terminent par ant.	aimant. lisant
		2º.	ils sont indéclinables.	un homme enseignant, une femme enseignant.
		3º.	ils peuvent se convertir en 2e. personne de l'imparfait de l'indicatif, en prenant lorsque.	je vous ai vu parlant à ma sœur: lorsque vous parliez à ma sœur.
		4º.	ils sont gérondifs quand on peut mettre devant eux en.	en étudiant, on devient savant.
			(Nota. Quand ce participe prend les deux genres, il devient adjectif verbal.)	
Participe passif.	sortes.	1º. adjectif. 2º. déclinable. 1º. indéclinable.		
	adjectif.	. . . . . .	il est adjectif quand il est joint ou qu'il a rapport au substantif.	le crime puni. la vertu récompensée.
	déclinable.	1º.	dans les verbes ayant régime, et quand ce régime les précède.	elles ont reçu les lettres que vous leur avez écrites.
		2º.	quand ce participe est précédé d'un temps du verbe être employé comme substantif.	ces dames sont parties. vos amis sont venus.
		3º.	dans les verbes réfléchis, quand le régime le précède	les françois se sont distingués par leur courage.
	indéclinable.	1º.	quand il est joint à un des temps du verbe avoir, dans un verbe sans régime.	{ mes frères ont dormi. vos sœurs ont dansé. }
		2º.	quand il est suivi du régime.	elles ont reçu vos lettres.
		3º.	dans les impersonnels.	les chaleurs excessives qu'il a fait.

ANALYSE.		DÉFINITION.	EXEMPLES.
DIVISION.	SUBDIVISION.		
Déclinabilité du participe passif.	accord { 1°.	avec un nom substantif.	
	accord { 2°.	avec le nominatif du verbe.	
	accord { 3°.	avec le régime absolu du verbe.	
	1°. avec un nom substantif.	comme adjectif, quand il ne forme aucun temps composé du verbe.	un ouvrage achevé.
	2°. avec le nominatif du verbe.	quand il est précédé de l'auxiliaire *être* dans les temps composés d'un verbe qui n'a pas le régime absolu.	mes maisons ont été vendues l'année dernière.
	3°. avec le régime absolu du verbe. { 1°.	quand il forme les temps composés d'un verbe précédé de son régime absolu.	cette maison est à moi, je l'ai achetée.
	{ 2°.	dans les verbes réfléchis, quand le pronom conjonctif qui les précède, est régime absolu.	cette nouvelle s'est trouvée fausse.
Terminaison des participes.	{ 1e. 2e. 3e. 4e. } conjugaisons	voir le tableau des conjugaisons, chapitre terminaison des temps primitifs, et la liste alphabétique des irréguliers.	

<h2 style="text-align:center">6me. SECTION.</h2>

<h3 style="text-align:center">DE LA PRÉPOSITION.</h3>

ANALYSE.		DÉFINITION.	EXEMPLES.
étymologie.	. . . .	*préposition* signifie mis devant. La préposition est toujours employée devant sans régime.	
propriété		la préposition désigne les différens rapports que les choses ont entr'elles,	
caractère distinctif.	{ 1°.	elle est indéclinable,	
	{ 2°.	elle a toujours un régime,	
	{ 3°.	elle est placée immédiatement avant son régime.	} Pierre est *avec* son maître.
espèces générales. à les considérer.	3. { 1°.	par l'expression.	
	{ 2°.	par la signification.	
	{ 3°.	par le régime.	

ANALYSE		DÉFINITION.	EXEMPLES.
DIVISION.	SUBDIVISION.		
1°. par l'expression.	1°. les simples.	elles sont toujours d'un seul mot.	dans , avec , pour , etc.
	2°. les composées.	elles sont toujours de deux ou plusieurs mots.	vis-à-vis de , à l'égard de ; etc.
2°. des rapports. par la signification.	1°. de lieu.	il est dans Paris.
		2°. de situation.	il est sur mer.
		3°. d'ordre.	il marchoit devant vous.
		4°. du temps.	avant la guerre.
		5°. de terme { où l'on tend. { que l'on quitte.	l'aimant se tourne vers le nord il part de Paris.
		6°. de la cause { efficiente, produisant effet. { matérielle. { finale. -	cette maison est bâtie par un architecte habile. une belle statue de marbre. il travaille pour la gloire.
		7°. d'union.	des enfans avec leurs mères.
		8°. de séparation.	des enfans sans leurs mères.
		9°. d'exception.	notre armée est forte de 260000 hommes, outre les auxiliaires.
		10°. d'opposition.	sujets révoltés contre les lois.
		11°. de retranchement.	soldats rétranchés du régiment.
		12°. de permutation.	échanger un champ contre une vigne.
		13°. de conformité.	suivant vos avis, je partirai.
3°. par le régime.	1°. du génitif	elles sont composées, et presque toutes renferment des noms.	audelà de , à l'abri de , etc.
	2°. de l'ablatif.	elles sont simples, c'est-à-dire d'un seul mot.	Louis de , près de etc.
	3°. du datif.	toutes celles suivies des articles *à, au, à la, aux, à de, à des.*	quant à lui , jusqu'au soir.
	4°. de l'accusatif	toutes celles suivies des articles *le , la , les , un , une , des.*	avant le jour , après la nuit.
Remarques importantes. jonction de 2 prépositions suivies d'un nom.	1°.	de divers régimes. } répétition du régime.	depuis dix ans la France lutte au *milieu* des assauts, et *contre* tous les assauts de ses ennemis.
	2°.	de régimes semblables. } sans répétition du régime.	*envers* et *contre* tous.
transformation de la préposition.	en adverbe.	quand la préposition est sans régime.	il est dehors.
	en substantif.	quand elle est précédée d'un article.	le dehors d'une maison.
	en conjonction.	quand elle est suivie d'un verbe.	loin de blâmer votre conduite.

ANALYSE		DÉFINITIONS.	EXEMPLES.
DIVISION.	SUBDIVISION.		
Etymologie — appelé adverbe.	1°.	parce qu'il est le plus souvent joint au verbe.	
	2°.	parce qu'il a quelque rapport avec lui.	
rapport avec le verbe.	1°.	comme le verbe, il détermine, ou modifie la signification des mots.	Vous m'avez servi fidellement.
	2°.	comme lui, il renferme un sens.	
	3°.	comme lui, il est indéclinable.	
	4°.	comme lui, il ne peut être régime.	
caractère distinctif.		sans régime, excepté { de quantité employé substantivement. / quelques-uns de ceux } de dérivation adjective.	
espèces générales. 2 à les considérer	1°.	par l'expression.	
	2°.	par la signification.	
par l'expression.	1°.	les adverbes simples, tous ceux d'un seul mot.	hier, justement, etc.
	2°.	les adverbes composés, tous ceux de deux ou de plusieurs.	pour le présent, à l'avenir, etc.
par la signification.	1°.	les adverbes de temps.	
	2°.	— de lieu ou de situation.	
	3°.	— d'ordre, ou de rang.	
	4°.	— de quantité, ou de nombre.	
	5°.	— de comparaison.	
	6°.	— de qualité, ou de manière.	
1°. adverbes de temps.	sortes. 1°. le passé.		hier, autrefois, etc.
	2°. le futur.		demain, bientôt, etc.
	3°. l'indéterminé.		souvent, depuis, etc.
	caractère distinctif.	réponse à la question *quand.*	{ quand êtes-vous venu? Hier. / quand viendrez vous? Demain.
2°. adverbes de lieu.	sortes. où, d'où, par où, ici, là, partout, etc., etc.	ces adverbes expriment toujours un lieu, { aux personnes. / aux choses, } ou une distance qui est relative	j'ai suivi mon ami partout. / partout l'amitié console le malheur.
	caractère distinctif.	réponse aux questions { où. / d'où. / par où. }	où allez-vous? là. / d'où venez-vous? delà. / par où allez-vous? par là.

ANALYSE		DÉFINITIONS.	EXEMPLES.
DIVISIONS.	SUBDIVISIONS.		
3°. adverbes d'ordre.		ces adverbes désignent toujours l'ordre, ou le rang des personnes, ou des choses, les unes à l'égard des autres.	premièrement, secondement, tour-à-tour, péle-mêle.
4°. adverbes de quantité ou de nombre.	propriété.	ces adverbes désignent toujours {la quantité, ou un nombre indéterminé, le prix, ou la valeur des choses.	combien, peu, guères, assez, trop, etc. etc.
	remarque. exception à la règle générale.	quand ils sont employés substantivement (c'est-à-dire, dans un sens qui leur donne quelque rapport avec le substantif) ils prennent un régime, c'est le *génitif*.	il a bu assez de vin. il a trop d'esprit.
5°. adverbes de comparaison.	1°. d'égalité. 2°. d'excès. 3°. de défaut. (ces adverbes établissent toujours comparaison entre deux ou plusieurs personnes ou choses.)		comme, de même, etc. plus, davantage, mieux; etc. moins, quasi, etc.
6°. Adverbes de qualité ou de manière.	propriété.	ces adverbes expriment la manière avec laquelle on fait les choses, et souvent la qualité qu'elles renferment.	
	caractère distinctif.	réponse à la question *comment*.	comment vivez-vous? sobrement.
	3 sortes. ceux de dérivation. 1°. substantive. 2°. adjective. 3°. adverbiale.	dérivent du substantif, ou ont quelque rapport avec lui. dérivent de l'adjectif, ou ont quelque rapport avec lui. sont simplement adverbes, et ne dérivent d'aucune autre partie du discours.	
	1°. de dérivation substantive.	en décomposant ces adverbes, on trouve ordinairement un substantif précédé d'un article, ou d'une préposition.	en abrégé, à l'abri de. etc. etc.
2°. de dérivation adjective.	sortes. 1°. 2°. 3°.	adjectif précédé d'une préposition. adjectif placé immédiatement après un verbe. adverbe ayant la terminaison *ment*, qui, supprimée, présente un adjectif.	à l'amiable, etc. parlez haut, etc. agilement, agile.
	régime.	tous les adverbes dérivés des adjectifs verbaux, ont le même régime que leurs adjectifs.	préférablement aux richesses, indépendamment de cela.

ANALYSE		DÉFINITIONS.	EXEMPLES.
DIVISION.	SUBDIVISIONS.		

Division : 6°. Adverbes de qualité ou de manière.

Subdivisions : 2°. adverbes de dérivation adjective. — 1°. de dérivation adverbiale.

Terminaison.

formation des adverbes de dérivation adjective terminés en ment.

DÉFINITIONS.	EXEMPLES.
1°. les adjectifs qui, au masculin, se terminent par une voyelle, prennent *ment*.	gai, gai*ment*, etc. / aisé, ais*ément* etc. / assidu, assidu*ment*, etc.
exceptions. 1°. un seul où l'on change l'*i* en *é* fermé.	impuni, impun*ément*.
2°. quelques-uns où l'on change l'*e* muet, en un *é* fermé.	commode, commod*ément*,
2°. les adjectifs qui au masculin se terminent par une consonne, cèdent leurs feminins qui se terminent par un *e* muet, auxquels on ajoute *ment*.	doux, etc. / douce, douce*ment*, etc.
exceptions. 1°. on change dans quelques-uns l'*e* muet en *é* fermé.	commune, commun*ément*. etc.
2°. un seul où l'on supprime la consonne sans rien y suppléer.	gentil, genti*ment*.
3°. les adjectifs masculins qui se terminent par { *ant* / *ent* } changeant leurs terminaisons en { *amment* / *emment* }.	vaillant, vaill*amment*. / prudent, prude*mment*.
remarques, exceptions. deux seulement { *présent* / *lent* } qui suivent la 2e. règle.	présente*ment*. / len* tement*.
on prononce { *amment* / *emment* } vaillamment, dites comme amant. prudemment	vaill*ament*. / prud*ament*.

degrés de comparaison.

DÉFINITIONS.	EXEMPLES.
comparatifs. 1°. d'égalité... en ajoutant *aussi*, *autant*, etc.	*aussi* généreusement.
2°. d'excès... en ajoutant *plus*, etc.	*plus* fidellement.
3°. de défaut... en ajoutant *moins*, etc.	*moins* courageusement.
superlatifs. 1°. absolu... en ajoutant *très* ou *fort*.	*très*-doucement, etc.
2°. relatif... en ajoutant *le plus*.	*le plus* promptement, etc.
remarque. les adverbes de dérivation adjective, sont les seuls qui reçoivent comme les adjectifs les divers degrés de comparaison.	

1°. de dérivation adverbiale.

DÉFINITIONS.	EXEMPLES.
sens naturel et simple de l'adverbe sans dérivation d'aucune autre partie du discours.	notamment, etc.

DES CONJONCTIONS.

ANALYSE		DÉFINITIONS.	EXEMPLES.
DIVISION.	SUBDIVISION.		
	Etymologie.	*Conjonction* signifie tout ce qui joint, tout ce qui unit.	
	propriété.	elle sert à exprimer diverses opérations de notre esprit.	
Considérées par l'expression.	Caractère distinctif.	1°. elle est indéclinable. 2°. elle sert à lier les parties du discours. 3°. la plupart ont des verbes exclusivement pour régime.	je ne puis juger d'un livre, à moins *que* je ne l'aye lu.
	espèces générales. *2. à les considérer.*	1°. par l'expression. 2°. par la signification.	
	sortes. { 1°. les simples. 2°. les composées.	elles sont toujours d'un seul mot. elles sont toujours de deux ou de plusieurs.	et, aussi, où, etc. afin que, à condition que, etc.
	Formation des composées. { elles sont formées.	1°. de noms. 2°. de verbes. 3°. de prépositions. } comme dans 4°. d'adverbes. 5°. d'autres conjonctions.	au lieu que. soit que. pour, devant un verbe, moins que; tellement que.
	1°. affirmatives.	quand on affirme.	oui, certes, etc.
	2°. négatives.	*remarque.* quand on nie. . . . . pour exprimer négation { plus forte } on se sert de . . . . { moins forte }	non, pas, point, etc. point, pas.
Considérées par la signification elles sont	3°. dubitatives.	quand on doute.	peut-être, exclusivement.
	4°. copulatives.	quand il y a liaison pure et simple de deux termes. *sous une même* { affirmation, et, aussi, etc. négation, ni, non, pas, etc.	la vertu et la science sont estimables. ni les biens, ni les honneurs ne valent pas la santé.
	5°. disjonctives.	quand il y a division, ou alternative dans le sens des choses dont on parle. { ou, ou bien, soit, soit que, etc. etc.	qu'il parle, ou qu'il se taise, peu m'importe.
	6°. adversatives.	quand il y a liaison de deux idées, et opposition dans la seconde. { mais, cependant, néanmoins, pourtant, etc.	Cicéron; quoique grand philosophe, n'étoit pourtant pas ennemi des louanges.

ANALYSE.		DÉFINITIONS.	EXEMPLES.
DIVISIONS.	SUBDIVISIONS.		

Conjonctions considérées par la signification.

7°. restrictives. — quand il y a exception dans la généralité d'une idée. { sinon, quoique, si ce n'est que, encore que etc. } — le travail, quoique pénible, procure des douceurs.

8°. conditionnelles. — quand il y a condition dans la liaison de deux termes d'où dépend quelque effet. { si, sinon, à moins que, etc. } — vous serez méprisé, si vous fréquentez une telle société.

9°. suspensives. — quand il y a incertitude. { si, savoir si, quoi qu'il en soit, etc. } — quoi qu'on en dise, Bonaparte est un grand homme.

10°. concessives. — quand il y a accord, consentement. { à la vérité, à la bonne heure que, quand même, etc. } — cédez quelque chose au processif, *quand même* tout bon droit seroit de votre côté.

11°. explicatives — quand il y a explication claire et détaillée de l'objet { savoir, comme, c'est-à-dire, etc. } — il a une bonne logique, *c'est-à-dire*, il possède l'art de bien raisonner.

12°. comparatives. — quand il y a { 1°. rapport, 2°. convenance, 3°. égalité } entre deux termes, { comme, de même, ainsi, etc. } — la dépravation des mœurs augmente chaque jour *comme* on l'a prédit. j'ai autant soigné cet ouvrage que je le pouvois. il agit en Roi.

13°. augmentatives. — quand on ajoute au sens du discours { d'ailleurs, outre que, de plus, encore, etc. } — ce n'est pas assez de prêcher d'avis, il faut *encore* prêcher d'exemple.

14°. diminutives. — quand on diminue au sens du discours { au moins, de moins, encore, etc. } — si vous ne savez que médire, sachez *du moins* vous taire.

15°. causatives. — quand on marque la cause de quelque chose { car, pour, parce que, comme, puisque, etc. } — un auteur se donne bien de la peine *pour* faire un ouvrage ; il le met au jour ; *afin de* s'acquérir de l'honneur.

ANALYSE.		DÉFINITION.	EXEMPLES.
DIVISIONS.	SUBDIVISIONS		
(2 Conjonctions considérées par la signification.)	16°. conclusives.	quand on veut tirer conséquence { or, donc, par conséquent, ainsi, etc. }	les honnêtes gens étoient affoiblis par le malheur, *c'est pourquoi* il ne fut pas trop difficile aux brigands de les opprimer.
	17°. circonstancielles.	quand il y a liaison du discours, par quelque circonstance, de temps ou d'ordre. { quand, comme, lorsque, tandis que, etc. }	les batailles sont bien moins sanglantes *depuis* que l'on se sert de la poudre à canon.
	18°. transitives.	quand on passe d'une circonstance à une autre. { or, en effet, au reste, à propos, etc. }	le français honnête n'a jamais aimé la révolution : *en effet*, vit-on jamais une plus grande violation des principes, que sous son régime ?
	19°. *Que conjonctif.*	*Caractère distinctif.* — Il est conjonctif, quand il ne peut se tourner par lequel, ni par laquelle.	quiconque se refuse à croire *que* l'ame est immortelle est un imbécile ou un fou.
		Usage. — 1°. Il est mis à la suite d'un grand nombre de verbes, qui expriment des actions, ou opérations de l'esprit. 2°. Il sert comme de passage à un autre verbe qui explique et dévelope l'objet de ces opérations. 3°. Il se met à la suite d'une infinité de mots.	Je croirai toujours que Mirabeau, que l'on prône encore, étoit d'une profonde perversité dans ses vues.
		Régime. — 1°. après un verbe marquant espèce d'incertitude. *(l'indicatif du 2d. verbe.)*	je conviens qu'il m'a payé.
		2°. après un verbe accompagné d'une négation. ou qui marque { doute, ignorance, crainte, désir. } *(le subjonctif du second verbe.)*	je crains *qu'il* ne meure. Je doute *qu'il* soit fâché du départ de son frère. Je veux *qu'il* me satisfasse.

| ANALYSE | | DÉFINITIONS | EXEMPLES |
DIVISIONS.	SUBDIVISIONS.		
Régimes du conjonction.	Règles générales.	toutes conjonctions formées de prépositions *(prennent l'infinitif du verbe,)*	je travaille pour acquérir de la gloire.
	2°.	celles terminées par *de*	rééfléchissez avant que de rien entreprendre.
	Remarques.	à l'égard des autres régimes, les règles sont trop multipliées, et trop variées pour les donner ici comme règles générales.	
Remarques	1°. sur avant.	comme conjonction, il veut après lui les mots *que* et *de* devant un verbe.	*avant* que de se mettre au travail.
	auparavant. et 2°. sur devant.	ces deux mots ne doivent être jamais employés comme conjonction ; le premier est adverbe d'ordre ; le second est tantôt adverbe, tantôt préposition.	

| ANALYSES. | | DÉFINITIONS. | EXEMPLES. |
DIVISIONS.	SUBDIVISIONS		
Étymologie.		*interjection*, signifie, mot à mot, jetté au milieu du discours ; elles peuvent y être semées çà et là, sans en altérer le sens.	
Caractère distinctif.	1°.	elles sont indéclinables.	
	2°.	sans caractère de liaison.	
	3°.	d'un sens absolu.	
Définition.		les interjections sont autant d'exclamations qui peignent les mouvemens ou sentimens de l'ame.	
Sortes, 13.	1°.	la joie.	*ha! bon!* etc.
	2°.	la douleur.	*ahi! ha! hélas!* etc.
	3°.	la crainte.	*hé! hélas! ha!* etc.
	4°.	l'aversion.	*fi! fi donc!* etc.
	5°.	l'encouragement.	*çà, courage,* etc.
	6°.	l'admiration.	*ha! ho!* etc.
pour exprimer	7°.	pour appeler.	*hola.*
	8°.	pour faire cesser.	*hola.*
	9°.	pour réprimer.	*tout beau*
	10°.	pour imposer silence.	*paix.*
	11°.	pour exprimer { affirmation.	*oui, certes.*
	12°.	négation.	*point, non.*
	13°.	consentement.	*soit, volontiers.*
Remarques.		*ha!* peut exprimer { de joie. / de douleur. / de crainte. / d'admiration. } 4 mouvemens, ceux { leur caractère distinctif n'est donc que dans les accens de la voix.	

ANALYSE.		DÉFINITIONS.	EXEMPLES.
DIVISIONS.	SUBDIVISIONS.		
		homonymes signifient, mots pareils qui expriment des choses différentes.	
1°. **A.**	1°. . . .	3°. personne du singulier du présent du verbe *avoir*, il ne prend pas d'accent.	il *a* triomphé.
	2°. . . .	*article*, il reçoit l'accent grave.	il est à l'année.
2°. ce.	ce. . . .	est un pronom démonstratif, il s'écrit par *c*.	*ce* livre.
	se. . . .	est un pronom personnel, il s'écrit par *s*.	il *se* blâme
3°. ces.	ces. . .	pluriel de *ce*.	*ces* livres.
	ses. . . .	est un pronom possessif, il s'écrit par *s*. . .	*ses* livres.
4°. demi.	indéclinable.	quand il est devant le substantif sans article.	*demi*-heure, *demi*-aune.
	déclinable.	placé après l'article.	une *demie*-heure, une *demie*-aune.
5°. des.	des. . ,	article, sans accent.	je vois *des* ouvrages.
	dès. . . .	préposition, prend un accent grave.	*dès* le matin.
6°. dont.	dont. . .	pronom relatif, il se termine par *t*. . . .	l'affaire *dont* je vous ai parlé
	donc. . .	conjonction conclusive, il se termine par *c*.	si l'amitié a des charmes, nous devons *donc* la cultiver.
7°. du.	du. . . .	article, sans accent.	j'ai acheté *du* bled.
	dû. . . .	participe passif du verbe *devoir*, il prend un accent circonflexe.	il m'est *dû* de l'argent.
8°. en.	1°. . . .	comme pronom.	je connois votre affaire, je lui *en* parlerai.
	2°. . . .	comme préposition.	je vais rarement *en* société.
	3°. . . .	comme conjonction.	quoi qu'il *en* soit
9°. gens.	1°. . . .	masculin devant un adjectif. . . ,	des *gens* obligeans.
	2°. . . .	féminin quand il est après.	les obligeantes *gens*.
10°. la.	la. . . .	article ou pronom conjonctif, sans accent.	*la* terre. Je *la* vois.
	là. . . .	adverbe de lieu, il reçoit un accent grave.	restez-*là*
11°. leur.	leur. . .	pronom conjonctif, joint à un verbe, sans *s*.	je *leur* dirai.
	leurs. . .	pronom possessif, au pluriel quand son substantif est au pluriel.	les oiseaux font *leurs* nids.
12°. même.	même. . .	indéclinable quand on peut le transporter avant le nom, ou pronom, ou verbe auxquels il est joint.	les payens adoroient des hommes, des animaux *même*.
	mêmes. .	déclinable quand il est pronom, ou adjectif.	le même auteur, mêmes vertus, mêmes vices.

ANALYSE.		DÉFINITIONS.	EXEMPLES.
DIVISIONS.	SUBDIVISIONS.		
13°. ni.	ni.	conjonction.	*ni* l'un *ni* l'autre.
	n'y	composé d'une négation et d'un pronom.	je *n'y* ai point pensé.
14°. ou	ou.	conjonction disjonctive, sans accent.	tout nombre en pair *ou* impair.
	où.	pronom ou adverbe, il reçoit l'accent grave.	voilà *où* nous avons manqué. *où* allez-vous ?
15°. outre.	1°.	comme préposition.	*outre* mesure.
	2°.	comme conjonction.	en *outre* il voulut.
16°. personne.	1°.	indéclinable, comme substantif, ou comme pronom indéfini.	*personne* n'est plus faux que lui.
	2°.	déclinable, comme adjectif.	votre cousin est bien la *personne* la plus aimable que je connoisse.
17°. quand.	quand.	conjonction, il se termine par *d*.	*quand* vous viendrez:
	quant.	préposition, il se termine par *t*.	*quant* à lui.
18°. quelque.	1°. indéclinable	devant un nom adjectif séparé de son substantif.	*quelque* éclatantes que soient vos actions.
		immédiatement devant un substantif pluriel.	*quelques* actions éclatantes que je fasse.
	2°. déclinable.	1°. joint à un seul substantif. 2°. — à un substantif suivi de son adjectif, 2°. — à un adjectif suivi de son substantif. (il forme deux mots, le premier déclinable.)	*quelles que* soient vos dignités.
19°. sur.	sur.	préposition, sans accent.	je n'ai rien *sur* moi.
	sûr.	adjectif, avec l'accent circonflexe.	j'en suis *sûr*.
20°. tout.	déclinable	devant un adjectif féminin qui commence par une consonne.	*toute* satisfaite qu'elle soit.
	indéclinable	quand il signifie 1°. quoique 2°. entièrement.	tout éclairés que soient les hommes. elle est *tout* à vous.
		3°. devant une voyelle.	la misère *tout* affreuse qu'elle est.

ANALYSE		DÉFINITIONS.	EXEMPLES.
DIVISIONS.	**SUBDIVISIONS.**		
Sur les diphthongues.	ion	est diphthongue seulement à la 1re personne du pluriel { 1°. de l'imparfait, 2°. du conditionnel présent, } de l'indicatif. { 3°. du présent. 4°. de l'imparfait. } du subjonctif.	nous ai-mions. nous ai-merions. que nous ai-mions. nous ai-mas-sions.
		dans tous les autres mots, il est dissylabe.	con-di-ti-on.
Sur les syllabes.	1°. août. 2°. eu.	sont des monosyllabes, on écrit { mois d'août. ji'a eu. } on prononce	mois d'oût. j'ai u.
Sur les consonnes.	1°.	les consonnes finales devant les voyelles initiales, se prononcent.	avec ardeur. ils sont à Paris. j'ai soin de vos affaires.
	2°.	les consonnes finales devant les consonnes initiales, ne se prononcent pas; on écrit *avec lui*, on prononce	*avé* lui.
Sur les voyelles.	1°. 2°. 3°.	les articles. les pronoms personnels ou conjonctifs, et quelques autres mots. } devant une voyelle ou une *h* muette initiale } perdent leur voyelle, et reçoivent l'apostrophe.	l'amitié, l'histoire. le livre qu'il a lu. je l'aime.
Sur la lettre L.	dans il ou ils	1°. l'*l* se prononce, mais foiblement, devant un verbe qui commence par une voyelle. on écrit { il aime. ils aiment. } on prononce	i *l*aime. i *z*aiment.
		2°. l'*l* ne se prononce pas devant un verbe qui commence par une consonne. On écrit il mange. On prononce.	on prononce imange.
	dans quelque. quelqu'un.	l'*l* ne se prononce pas. On écrit *quelque quelqu'un*	on prononce *quéque, quéqu'un*.
Sur la lettre N.	1°.	se prononce { 1°. à la fin d'un pronom, ou d'un nom adjectif immédiatement suivi de son substantif commençant par une voyelle ou une *h* muette. 2°. dans les mots *amen*, *examen*, *hymen*. }	mon ami. mon habit.
		ne se prononce pas dans les autres mots.	passion aveugle.
	2°. dans on et en	quand ils précédent d'autres mots qui commencent par une voyelle, ou une *h* aspirée, l'*n* se prononce.	*en* aime. *en* étudiant.
		l'*n* ne se prononce pas quand il est après.	va-t-*on* à la campagne. allez-vous *en* ville.
	3°. dans bien et rien	l'*n* se prononce devant une voyelle, ou une *h* muette, quand ils ont une relation étroite avec le mot suivant.	*bien* écrit. *rien* autre chose.
		ne se prononce pas ailleurs.	je sais *bien* où vous allez. il ne fait *rien*, ou peu de chose.

| ANALYSE | | DÉFINITIONS. | EXEMPLES. |
DIVISIONS.	SUBDIVISIONS.		
Sur la lettre P.	dans beaucoup et trop.	on prononce le *p* devant une voyelle, ou une *h* muette initiale.	j'ai beaucoup étudié. vous êtes trop heureux.
		on ne le prononce pas dans tous les autres	le camp ennemi. un champ étendu.
Sur la lettre R.	dans notre et votre.	l'*r* ne se prononce pas quand ces pronoms sont joints à leur substantif. On écrit notre maison, votre chambre. On prononce	note maison. vote chambre.
		l'*r* se prononce quand ces pronoms sont précédés d'un article, et après leur substantif.	le nôtre, la vôtre.
Sur le pronom conjonctif.	le.	après l'impératif, il n'a que le son foible de l'*e* muet devant se prononcer comme dans tout autre mot où il est final. Il faut donc prononcer.	aimez le comme modèle.

ANALYSE.		DÉFINITION.	EXEMPLES.
DIVISIONS.	SUBDIVISIONS.		
Le discours. 4.	1°. la période.	le discours est un assemblage de périodes, un assemblage de phrases.	
	2°. la phrase.	un assemblage de proportions, qui toutes doivent se rapporter au sujet principal de la phrase.	
	3°. la proposition.	un assemblage de mots qui doivent faire un sens.	
	4°. le mot.	le signe de nos idées.	
Le mot. 3. — 1°. union des syllabes.	1°. simple.	c'est le mot écrit dans sa source.	justice, estime, patience.
	2°. composé.	il est formé du simple, et prend une syllabe de plus.	injustice, mésestime, impatience.
2°. origine.	1°. primitif.	c'est le mot pris dans son origine.	crime, vertu, force.
	2°. dérivé.	il sort du primitif.	criminellement, vertueusement, fortement.
3°. Signification.	1°. propre.	c'est le mot dans son sens naturel.	le *caméléon*, nom d'animal.
	2°. figuré.	c'est le même mot applicable, sous quelques rapports, à un objet d'une autre nature.	c'est un *caméléon* politique adroit qui change de forme selon les circonstances.
	3°. homonyme.	ce sont des mots pareils, soit dans l'écriture, soit dans la prononciation, mais qui expriment des choses différentes.	*chair*, peau, *chaire*, à prêcher. *cher*, chéri. *chère*, festin, repas.
	4°. synonymes.	mots dont la signification est semblable dans l'expression des idées principales et communes, et différentielle dans les idées accessoires. — principales et communes, signification semblable : indolent, nonchalant, paresseux, négligent { défaut contraire à l'expédition et au succès du travail }. — accessoires et différentielles, signification différentielle : indolent, nonchalant, paresseux, négligent { défaut de sensibilité, d'ardeur, d'action, de soin }.	indolent. nonchalant. paresseux. négligent.
	5°. technique.	mot qui ne convient qu'à certains objets, barreau, arts et métiers.	demandeur, demanderesse. défendeur, défenderesse. } terme de palais.
	6°. consacré.	mot dont le sens change suivant les lieux et les circonstances.	aristocrate. jacobin.
	7°. vulgaire.	mot qui peut convenir à tout et par-tout.	honneur, probité, vertu.

Ici doivent se terminer nos recherches analytiques sur la Grammaire : c'est à la Rhétorique qu'appartient l'art de composer le discours.

ANALYSE.		EXPLICATIONS.
DIVISION.	SUBDIVISIONS	

Méthode analytique d'enseigner, considérée sous 5 rapports.	1°.	Comme l'explication de chaque section, par les divisions, considérées sous leurs subdivisions, répéter la définition de chacune d'elles, et citer de suite à l'appui les exemples qui se trouvent à côté.
	2°.	Faire l'application des principes de chaque leçon dans une lecture faite à chaque séance.
	3°.	L'étudiant doit à la fin de chaque section remplir la colonne intitulée définition ; celles des divisions, subdivisions et exemples doivent être remplies par celui qui enseigne ; dresser à cet effet des tableaux modelés sur ceux-ci.
	4°.	Les listes de terminaison des noms verbes et toutes autres listes, ne sont point pour être apprises, mais seulement consultées.
	5°.	L'ortographe des noms qui doublent leurs consonnes, etc. s'apprendra mieux par l'usage qui en est l'arbitre et le régulateur, que par les règles qui sont trop multipliées, trop variées, et renfermant trop d'exceptions.

ANALYSE		DÉFINITIONS	EXEMPLES
DIVISIONS.	**SUBDIVISIONS.**		
Caractères prosodiques.	l'accent grave.	*(se met)* 1°. sur les E ouverts.	procès. succès.
		2°. *(Pour les distinguer)* sur *à* article ou préposition, d'*a*, verbe avoir, il *a*.	à Paris. il *a* faim.
		sur *là* adverbe, de *la*, art. ou pronom.	par-*ci*, par-*là*. je *la* vois de *la* tour.
		sur *où* adverbe, de *ou*, conjonction.	*où* allez-vous ? oui *ou* non.
	l'accent circonflexe.	*(se met)* 1°. sur les voyelles longues, et marque ordinairement la suppression d'une lettre employée dans l'ancienne ortographe.	âge. *(ancienne ortographe:* aage.) quête. *(*queste.)
		2°. sur la 3e. personne du singulier de l'imparfait du subjonctif, pour la distinguer du parfait simple de l'indicatif	il lût. *(parfait simple de l'indica.:* il lut.) il dormît. *(*il dormit.)
	l'apostrophe.	*(se met pour 3 suppressions)* 1°. celle de l'E muet. dans les monosyllabes.	j'aime.
		dans l s conjonctions terminées par *que*.	autant *qu'il* faudra.
		dans le mot *jusque*.	jusqu'à Genève.
		dans le mot *quelque* devant *un*.	quelqu'un.
		dans le mot *grande* devant certain substantif.	grand'mère.
		2°. celle de l'I — dans la conjonction *si*, lorsqu'elle est suivie de *il* ou *ils*.	s'il vous plait. s'ils veulent.
		3°. celle de l'A — dans l'article féminin *la*.	l'ame. l'ami.
	le tiret.	*(se met)* 1°. dans les noms composés	avant-hier. après-demain.
		2°. entre le verbe le pronom nominatif, lorsqu'il se met après le verbe.	voudrez-vous? ira-t-il?
		3°. après les personnes de l'impératif, suivies d'un pronom conjonctif,	plaignez-les.
		4°. entre les monosyllabes *ci*, *là*, *ça*, et les mots auxquels ils sont joints.	celui-*ci*. celle-*là*. voyez-*çà*.
Règles prosodiques.	Voyelle, ou syllabes longues.	1°. toute voyelle ou toute syllabe devant un E muet qui termine un mot, est longue	épée. soie. blâme.. forces.
		2°. toute voyelle qui porte l'accent circonflexe, est longue.	lâche. bête. gîte. flûte.
		3°. toute voyelle natale suivie d'une consonne, est longue.	champ. gendre. pompe.
		4°. tous mots pluriels, dont la terminaison est masculine, ont leur dernière syllabe longue.	almanachs. autels.
		5°. toute voyelle ou diphthongne suivies des lettres R. ou S. placés devant l'*e* muet, est longue.	empire. surprise.
		6°. les voyelles A. et O suivies de l'R redoublée, sont longues.	barrière. torrent.
	Brèves.	1°. toute syllabe où la consonne est reboublée, est breve.	consonne.
		2°. tout E fermé qui est à la tête ou à la fin d'un mot, est bref.	l'été.
	Douteuses.	toute syllabe qui devient breve ou longue, suivant sa position, par rapport au reste de la phrase; est douteuse.	
		ces sortes de syllabes sont breves dans le cours de la phrase.	j'ai vendu *notre* maison.
		longues à la fin de la phrase.	je voudrois acheter la *vôtre*.

ANALYSE		DÉFINITIONS	EXEMPLES
DIVISIONS.	**SUBDIVISIONS.**		
Syllabes.	{ masculine.	toutes celles qui ne sont pas terminées par un E muet.	beau. grand. élevé.
	{ féminine.	toutes terminées par un E muet.	belle. grande. élevée.
Consonnes.	3 Règles. — 1°.	quand une consonne est redoublée au milieu du mot, on n'en prononce qu'une. — Exceptions. 1°. Les 2 C devant E. I. — accès accident. 2°. Les 2 D. — reddition. 3°. Les 2 L. après I. a la tête d'un mot. — illustre. 4°. Les 2 R. — erreur.	quitter.. prononcez quiter. annoncer. prononcez anoncer.
	2°.	quand un mot finit par 2 consonne, et se lie avec un autre qui commence par une voyelle, on ne prononce que la première.	respect humain, prononcez respe-cumain. effort inoui. prononcez effo-rinoui.
	3°.	consonne finale jointe à un mot qui commence { par une voyelle, se prononce. / par une consonne, est muette. — Exceptions N. Voyez cette lettre à son rang alphabétique.	très-adroit, prononcez trè-zadroit. très-grand, prononcez très-grand.
Son de l'A.	{ 1°.	l'A joint à l'I forme une voyelle composée. qui n'a qu'un son.	aise, prononcez è ze.
	{ 2°.	l'A joint à la voyelle nasale *en*, on supprime l'*e* dans la prononciation.	Caen. — Can.
	{ 3°.	l'A joint à la voyelle nasale *on*, on supprime l'*o*.	paon. — pan.
		excepté les mots { Saône / taon } où on supprime l'*a*	Saône. — Sône. taon. — ton.
Consonnance du B.	P.	B a le son du P au milieu du mot { 1°. devant un S. . / 2°. devant un T. .	observer, prononcez opserver. obtenir — optenir.
Consonnance du CH.	{ K. / { S.	CH a le son du K { 1°. devant une consonne. / 2°. dans les mots empruntés d'une autre langue. / 3°. dans certains mots pour éviter toute allusion ridicule. } — de l'S dans les mots suivant seulement.	chrysalide, prononcez krysalide. Achaïe, — Akaïe. archiépiscopat — arkiépiscopat. Schio, prononcez Cio.

ANALYSE		DÉFINITIONS.	EXEMPLES.
DIVISIONS.	**SUBDIVISIONS.**		
Son de l'E.	A.	*E a le son* — de l'A : 1°. devant un N suivi d'un I.	sentiment. *prononcez* sentiment.
		2°. devant un M suivie d'un B.	emballer. — amballer.
		d'une autre M.	emmener. — ammener.
		d'un P.	empire, — ampire.
		3°. devant une consonne quelconque.	encadrer. — ancadrer.
	I,	de l'I : quand l'N n'est pas suivie d'une consonne.	citoyen. — citoyin.
	E muet.	de l'E muet : quand il entre dans la formation de la 3e. personne du plur. des verbes où l'N et le T sont également muets.	ils aiment. — i-z-aime.
Consonnance de l'E.	muet.	*F a le son* — muet : 1°. dans les mots *clef*, *baillif*.	prononcez clé. bailli.
		2°. toujours au pluriel.	des nerfs. — des ners. / des bœufs. — des bœus.
		3° toujours au singulier quand il est suivi d'une consonne, excepté dans les mots, *chef*, *nef*, *fief*, *bref*, *neuf*, *vif*, *if*, *juif*, *nominatif*, et semblables.	un œuf — un œu / ce pigeon. — ce pigean.
	V	du V. dans le nom de nombre *neuf*, suivi d'une voyelle.	neuf arbres, — nou-varbres.
Consonnance du G.	muet,	G a le son muet : 1°. dans les mots *étang*, *faubourg*. 2°. dans les mots *vingt*, *doigt*, *legs*, *poing*. (par exception à la règle sur la consonnance du G. Son du K, 1re. sect. des lettres et des signes.)	
Caractère de l'H.	muette,	*l'H est* — muette : dans les mots français dérivés des mots latins commençant par une H. excepté les mots *hable*, *rharpie*, *hennir*, *héros*, qui quoiqu'ayant les mêmes dérivés, sont cependant aspirés.	l'homme, l'honneur. / homo. honor
	aspirée,	aspirée : dans les mots français dérivés des mots latins qui ne commencent pas par une H. excepté les mots *heureux*, *huile*, *huitre*, *hièble*, qui quoi qu'ayant les mêmes dérivés, ont cependant leur H muette.	la haine, la honte. / odium, pudor.
		remarques importantes. — les dérivés et les composés { H muette.	honoré. mot simpl., / déshonoré. — composé.
		suivent la règle du simple. { H aspirée.	hardi. — simple. / enhardi. — composé.
		exception 1°. les dérivés de *héros*. 2°. le composé de *haut*, } qui ne s'aspirent point.	H aspirée. un héros. en haut. / H muette. une héroïne. exhausser.

ANALYSE.

DIVISIONS.	SUBDIVISIONS	DÉFINITIONS.	EXEMPLES.
Son de l'I. im ou in.	im. ou in.	1°. devant une consonne. / 2°. à la fin des mots. } est voyelle nasale. 3°. devant les voyelles. l'I est voyelle simple et fait seul une syllabe.	impotent. incapable. la faim. le destin i-mage. in-noui.
consonnance de L.	finale.	finale. 1°. muette dans certains mots. 2°. se prononce dans d'autres.	gentil. outil. fil. civil.
	redoublée.	redoublée. 1°. mouillée dans certains mots. 2°. son simple dans d'autres. On ne peut donner de règles générales.	fille. famille. tranquille. mille.
M.	consonnes.	la lettre M. est consonne 1°. au commencement d'un mot. 2°. entre 2 voyelles, elle rend la première simple et d'une syllabe. 3°. redoublée après l'A, on n'en prononce qu'une.	milieu. é-motion. grammaire, prononcez gramaire.
	voyelles nasales.	est voyelle nasale 1°. précédée d'une voyelle, et suivie d'une consonne. 2°. à la fin d'une syllabe, ou d'un mot.	ambition. parfum.
N.	consonnes.	a le son de l'N 1°. devant l'N, — excepté quelques mots grecs. 2°. à la fin d'une syllabe. — excepté les mots où elle est précédée de l'E.	condamné, prononcez coudané. Agamemnon. nom. Jérusalem.
		est consonne 1°. au commencement du mot. 2°. au milieu du mot, entre 2 voyelles. 3°. redoublée.	non. énoncer, prononcez é-noncer ennemi. — é-nemi.
		4°. à la fin { des pronoms mon, ton, son. des adjectifs suivi d'un de leurs substantifs, commençant par une voyelle. des particules on et en. (excepté dans les interrogations) de bien (mot composé) et rien. des mots { hymen. / examen. / amen.	ton ami. — to-nami. bon homme. — bo-nhomme. on aime. — o-naime. en ami. — en-nami. bien aise. — bic-naise. hymen. — hymene. examen. — examene. amen. — amene.
	voyelles nasales.	la lettre N est voyelle nasale 1°. suivie d'une consonne ou d'une H aspirée. 2°. à la fin { des noms substantifs. / des particules on et en (dans les interrogations.) / de bien (quand il n'est pas nom composé. ces N ne se lient point dans la prononciation avec les voyelles qui less uivent.	ancêtres. la honte. ambition. est-on aimé? dites-en un mot? il a bien étudié
	muettes.	est muette en ent dans les temps des verbes terminés	ils aiment. } prononcez i-zaime. ils aimoient. } — i-zaimoit.

ANALYSE.		DÉFINITIONS.	EXEMPLES.
DIVISIONS.	SUBDIVISIONS.		
Son de l'O		1°. l'O joint à l'E, est muet (il est lié par l'étymologie.)	œil. } prononcez euil. oculus. œuf. } — euf. ovum
		2°. l'O joint à l'E, ou à toute autre voyelle qui porte un tréma, se prononce, et fait syllabe à part.	poëte. — po-éte. Moïse. — Mo-ise.
P.	muet.	au commencement { dans les mots *pseaume*, *psalmiste*, *psalmodie*, *psalmodier*, *psaltérion*, *pseautier*.	pseautier. — seautier.
		au milieu { 1°. dans les mots *baptême*, *baptiser*, *Baptiste*, *baptistère*. excepté *baptismal*.	baptême. — batême.
		2°. dans les mots *exempt*, *exempter*, *compte*, *compter*, *prompte*, et dérivés. excepté *exemption*, *rédemption*, *rédempteur*	compte. — comte
		le P est muet à la pénultième { toujours dans les mots, où suivi d'une consonne, il n'est pas entièrement final.	corps. — cors. temps. — tems.
		final { dans les mots *loup*, *camp*, *champ*, etc. (le P est conservé dans ces mots par l'étymologie.) excepté, 1°. *Gap*, *julep*, *Alep*, etc. 2°. *beaucoup*, *trop*.	loup. } — lou. lupus
Q.	muet.	le Q final est muet quand il est joint à un mot qui commence par une consonne.	cinq bataillons. — cin-bataillons.
R.	muet.	l'R est muette { 1°. après l'E fermé, si l'R n'est pas suivi d'un mot qui commence par une voyelle. 2°. l'I, *idem* 3°. dans les mots *notre*, *votre*, s'ils sont devant leurs substantifs	donner. — donné. la main. — la main. finir ses jours. — fini ses jours. notre maison. — note maison. votre lit. — vote lit.
S.	son fort.	par exception à la règle sur S. son du Z première section, page 3. L'S a le son fort dans les mots ci-contre, quoique placés entre deux voyelles.	préséance. — presséance. présuposer. — pressuposer. parasol. — parassol. tournesol. — tournessol. monosyllabe. — monossyllabe.
	muette.	L'S finale est muette devant les mots qui commencent par une consonne. Excepté dans les mots *as*, *bis*, *os*, *pus*, et quelques autres.	de bons livres. — de bon livres. as-bis. — ass-bisse.

ANALYSE.		DÉFINITIONS.	EXEMPLES.
DIVISIONS.	SUBDIVISIONS.		
	C.	le T a le son du C dans les deux mots suivans, quoiqu'il y ait diphthongue nasale dont le son suit à-peu-près celui de l'E fermé. (par exception à la règle sur le T, son naturel, 1re. section, page 3.)	Dioclétien, *prononcez* Diocléc. Domitien. — Domicien.
T.	son dur *ou* naturel.	le T a le son naturel dans les tems des verbes terminés {1°. en *tions.* 2°. en *tiez.*} (par exception à la règle sur le T. Son du C, première sect., page 3.)	nous *é*lions. vous é*t*iéz.
	muet.	*le T final* est muet {1°. devant un mot qui commence par une consonne. 2°. précédé d'une consonne, quoique suivi d'un mot commençant par une voyelle.	puissan*t* seigneur. un tort infini. — un torinfini.
U.	on.	1°. l'U a le son de la voyelle nasale *on* dans les étrangers au latin, devenus français, quand il y est suivi d'une M ou d'une N.	fac*tum.* — facton.
	muet.	2°. l'U est muet {1°. après le G. 2°. après le Q.	guerre — gherre *ou* gaire. quelque. =*kelke.*
	ou	3°. l'U a le son de la voyelle composée *ou* chez toutes les nations de l'Europe, excepté les Français.	le m*u*r. — m*ou*r.
X.	muet.	l'X final est muet joint à un mot qui commence par une consonne.	dix jours. — dijours.
		excepté dans les mots {*styx, préfix. larynx, lynx, sphinx.*	
Z.	E fermé. muet.	le Z final donne à l'E qui le précède, le son fermé. = est muet devant une consonne.	chantez. — chanté. aimez le — aimé le.
lettres majuscules.	4.	*Les majuscules ou capitales s'employent* {1°. au commencement de chaque phrase. 2°. à la tête des noms propres. 3°. — des noms de dignités. 4°. = des noms des tribunaux, d'arts, de sciences, professions, etc.	Le livre que j'ai-là. Bonaparte est de l'île de Corse Le Maréchal de Saxe. Une Assemblée composée de Médecins.

ANALYSE			DÉFINITIONS	EXEMPLES
DIVISIONS.	SUBDIVISIONS.			
Sigues de Ponctuations,	1°. de la virgule.	la virgule.	1°. sert à distinguer les membres de la phrase.	la guerre à finir, des préjugés à guérir des finances à réparer, etc. etc. quelle tâche à remplir.
			2°. ne se met pas devant { et. / ni. / ou. / comme. }	et. → vos parens et vos amis sont les miens. ni. → ils ne sont pas à mépriser ni les uns ni les autres. ou. → choisissez ou de mon amitié ou de ma haine. comme. → je ferai comme vous ordonnerez.
	2°. le point et la virgule.	le point à la virgule.	servent à séparer les principaux membres d'une phrase qui renferme déjà d'autres parties séparées par des virgules.	la police, c'est un gouvernement intérieur, c'est l'art de maintenir le bon ordre dans la société ; le mot vient du grec *polis, ville.*
	3°. les deux points.	les deux points.	1°. servent à marquer le premier sens d'une phrase.	il y a dans le monde deux espèces d'hommes assez ridicules, l'une qui croit à tout, l'autre qui doute de tout.
			2°. s'employent toujours devant la conjonction *mais.*	Bonaparte a sans doute de grands titres : mais le plus beau est celui de pacificateur.
	1°. les points suspensifs.		servent à indiquer le silence que l'on veut garder sur une partie du sujet du discours.	que de maux enfantés par la révolution! par elle les principes religieux ont été détruits, par elle les liens sociaux ont été brisés, par elle les fortunes ont été anéanties, par elle... épargnons à nos lecteurs le récit de tant de calamités.
	5°. le point absolu.	le point absolu.	sert à indiquer que le sens de la phrase est entièrement fini.	Si les hommes sont égaux par leur naissance, ils ne le sont pas souvent par les sentimens de justice et de bonté.
	6°. le point d'exclamation.	le point d'exclamation.	se met à la fin des phrases où est exprimé le ton de celui qui s'écrie.	Que de bêtes féroces dans l'espèce humaine!
	7°. le point d'interrogation.	le point d'inter.	— celui qui interroge.	d'où vient cet acharnement à s'entre-détruire ?
	8°. la paranthèse.	la paranthèse.	sert à renfermer un petit nombre de paroles qu'on insère dans le discours, qui en interrompent le sens, et qu'on croit pourtant nécessaires pour l'intelligence de la phrase.	Vous avez été (du moins je me l'imagine) témoin du succès des armées françaises à Hohenlinden, où Moreau a fait 10,000 prisonniers.
	9°. les guillemets	les guillemets.	servent à marquer les citations ; au commencement de chaque ligne.	Voici les expressions de Desaix, en mourant au champ de l'honneur, après avoir assuré la victoire, " allez dire au " premier Consul que je " meurs avec les regrets de " n'avoir pas assez fait pour " la postérité.

TABLE

Par ordre de Sections, des Matières qui y sont analysées, et qui composent cet Ouvrage.

L

ERRATA.

PRÉFACE, troisième ligne, supprimez ces deux mots — *presque toutes*.

Page 9, à la troisième règle, au lieu de excepté 6, *lisez* excepté 9.

Page 22, troisième règle, neuvième subdivision, supprimez l'acolade,

les mots signifient ; et chaque , *lisez* 9°. tout . . . . . : {masc. tout.}{fem. toute.} *sans pluriel.*

Page 26, l'acolade sous les mots sur tout.... que {déclinable—devant une consonne...toute etc. doit renfermer les mots suivans ...... {indéclinable—devant une voyelle , etc.

Page 36, col. des exemples, ligne 10, au lieu de est tombé , *lisez* est tombée.

Page 51, deuxième verbe de la seconde conjugaison, au lieu de j'aissaille, *lisez* j'assaille.

Page 56, cinquième verbe de la quatrième conjug. après contredire, au lieu de ant , *lisez* sant.

Page *idem*, sixième verb.—après convaincre, *ajoutez* ante.

Page 58, sixième sect. deuxième ligne , au lieu de sans régime , *lisez* son régime.

Page 59, col. des exemp. — au lieu de Louis de , *lisez* loin de.

Page 69, col. des ex. troisième ligne, au lieu de en pair , *lisez* est pair.

NOMS DE BAPTÊME, DE FAMILLE ET DE GUERRE, NOMS DES PÈRES ET MÈRES, Lieux de naiſſance, âge & taille.	NUMÉROS des COMPAGNIES.	DATES de l'Entrée AU BATAILLON & des paſſes AUX COMPAGNIES.	GRADES.	DATES DES MORTS, DES CONGÉS ABSOLUS, DES DÉSERTIONS, DES JUGEMENS &c.